Thiemrodt/Rother

Sicher verkaufen bei EBAY & Co

Rechtsfallen bei Internet-Versteigerungen

Thiemrodt/Rother

Sicher verkaufen bei EBAY & Co

www.salzwasserverlag.de

Thiemrodt, Klaus/Rother, Michael
Sicher verkaufen bei EBAY & Co
Rechtsfallen bei Internet-Versteigerungen
1. Auflage 2009 | ISBN: 978-3-86741-078-6
© Salzwasser-Verlag, Bremen, 2009. Alle Rechte vorbehalten.
Salzwasser-Verlag ist ein Imprint der Europäischer Hochschulverlag GmbH & Co. KG, Bremen.
Internet: www.salzwasserverlag.de
Die Deutsche Bibliothek verzeichnet diesen Titel in der Deutschen Nationalbibliografie. Bibliografische Daten sind unter http://dnb.ddb.de abrufbar.

Dieses Fachbuch wurde nach bestem Wissen und mit größtmöglicher Sorgfalt erstellt. Im Hinblick auf das Produkthaftungsgesetz weisen Autoren und Verlag darauf hin, dass inhaltliche Fehler und Änderungen nach Drucklegung dennoch nicht auszuschließen sind. Aus diesem Grund übernehmen Verlag und Autoren keine Haftung und Gewährleistung. Alle Angaben erfolgen ohne Gewähr.

Inhaltsverzeichnis

1. Einleitung 10
2. Gewerberecht 11
3. Bürgerliches Recht 14
   3.1. Einbeziehung der AGB 16
   3.2. Bedeutung für die Vertragsauslegung 17
      3.2.1. Bedingungen in den Zahlungsinformationen 18
      3.2.2. Artikelbeschreibung 18
      3.2.3. „Mich"-Seite oder andere externe Webseiten 18
   3.3. Einstellen des Angebotes 19
   3.4. Abgabe des Gebotes 21
   3.5. Vorzeitige Beendigung der Auktion 22
      3.5.1. Irrtum über Beschaffenheit des Artikels 24
      3.5.2. Veränderung, Verlust, Zerstörung des Artikels 26
      3.5.3. Irrtümlich fehlerhafte Beschreibung 27
      3.5.4. Alternativen zur vorzeitigen Beendigung 27
4. Gestaltungsvorschläge 29
   4.1. Verlinkung 29
   4.2. Angebot/Invitatio ad offerendum 29
   4.3. Ausschluss von Bietern 30
5. Wettbewerbs- und Verbraucherschutzrecht 33
   5.1. Unternehmer und private Verkäufer 33
      5.1.1. Unternehmer 33
      5.1.2. Geschäftsmäßiges Handeln 35
   5.2. Fernabsatzrecht 36
      5.2.1. Informationspflichten 37
         5.2.1.1. Informationen zum Unternehmer 37
         5.2.1.2. Informationen zu Ware bzw. Dienstleistung 38
         5.2.1.3. Informationen zum Vertragsschluss 38
         5.2.1.4. Informationen zu Preis, Liefer- und Versandkosten ...38
         5.2.1.5. Zahlungs- und Lieferungsbedingungen 39
         5.2.1.6. Informationen über Widerrufs- bzw. Rückgaberecht ...40
      5.2.2. Informationspflichten nach Vertragsschluss 40
      5.2.3. Folgen der Nichterfüllung von Infopflichten 43
      5.2.4. Widerrufs- und Rückgaberecht 44

	5.2.4.1.	Geltung bei Internetversteigerungen	44
	5.2.4.2.	Inhalt des Widerrufsrechts	45
	5.2.4.3.	Voraussetzung des Rückgaberechts	46
	5.2.4.4.	Folgen des Widerrufs bzw. der Rückgabe	46
	5.2.4.5.	Wahl des Widerrufs- oder Rückgaberechts bei Internetauktionen	48
5.3.	Preisangaben		50
5.4.	Weitere Regelungsgegenstände		50
5.4.1.	Versandrisiko		50
5.4.2.	Mängelhaftung		53
5.4.3.	Beschaffenheitsbeschreibung		54
5.4.4.	Freiwillige Garantieregelungen		54
5.5.	Unlauterer Wettbewerb		56
5.5.1.	Irreführende Werbung		56
	5.5.1.1.	„Ab 1 Euro"	56
	5.5.1.2.	Irreführende Verkäuferangaben	57
5.5.2.	Vergleichende Werbung		57
5.5.3.	Angebot von Nachahmungen		58
5.6.	Informations- und Nebenpflichten		58
5.6.1.	Informationspflichten nach dem TDG		58
5.6.2.	Pflichten gem. § 312e BGB		60
	5.6.2.1.	Technisch-organisatorische Pflichten	60
	5.6.2.2.	Informationspflichten	62
	5.6.2.3.	Rechtsfolgen	63
5.7.	Sanktionen nach dem UWG		63
5.7.1.	Anspruchsinhaber		63
5.7.2.	Beseitigungs- und Unterlassungsanspruch		64
5.7.3.	Schadenersatzanspruch		65
5.7.4.	Gewinnabschöpfung		66
5.7.5.	Verjährung		66

6. Grenzüberschreitende Transaktionen 68
6.1.	Unterschiede zwischen AGBs der nationalen Plattformen	68
6.1.1.	Beispiele unterschiedlicher Klauseln	68
6.1.2.	Einbeziehung der „fremden" AGB	70
	6.1.2.1. Verhältnis zu anderen Nutzern	70
	6.1.2.2. Verhältnis zum Plattformbetreiber	73
6.2.	Anwendbares Recht	74
6.2.1.	Allgemeine Regeln	75
6.2.2.	Anwendbares Recht während der Auktion	76

- 6.2.2.1. Vertragsverhältnis Versteigerungsplattform – Nutzer 77
- 6.2.2.2. Anwendbares Wettbewerbsrecht 77
- 6.2.2.3. Anwendbares Recht nach Abschluss der Auktion 80
- 6.2.2.4. Völkerrechtliche Verträge 80
- 6.2.2.5. Vertragliche Rechtswahl 82
- 6.2.2.6. Einschränkung der Rechtswahl bei Verbraucherverträgen 83
- 6.2.2.7. Anknüpfung mangels Rechtswahl 87
- 6.2.2.8. Sachenrechtliche Anknüpfung 88
- 6.3. Gerichtstand 90
  - 6.3.1. Gerichtstandsvereinbarung 91
  - 6.3.2. Allgemeiner Gerichtstand 94
  - 6.3.3. Besondere Gerichtstände 95
    - 6.3.3.1. Verbraucherverträge 95
    - 6.3.3.2. Gerichtstand des Erfüllungsorts 96
    - 6.3.3.3. Gerichtstand des Vermögens 98
  - 6.3.4. Gerichtstand bei Wettbewerbsstreitigkeiten 99
    - 6.3.4.1. Allgemeiner Gerichtstand 99
    - 6.3.4.2. Einstweiliger Rechtschutz 99
    - 6.3.4.3. Deliktsgerichtstand 100
    - 6.3.4.4. Gerichtstandvereinbarung 102
  - 6.3.5. Schiedsgerichtsvereinbarungen 102
- 6.4. Gestaltungsvorschläge 103
  - 6.4.1. Rechtswahl 103
  - 6.4.2. Disclaimer 104
  - 6.4.3. Umsatzsteuer im internationalen Handel 104
  - 6.4.4. Gerichtstandswahl 107

7. Zusammenfassung und Ausblick 109

8. Quellen 112
- 8.1. Rechtsprechung 112
- 8.2. Literatur 114

1. Einleitung

Während sich Internetauktionen einer stetig hohen Beliebtheit erfreuen, herrscht über die rechtlichen Rahmenbedingungen und insbesondere bei vielen Einzelfragen noch immer eine große Rechtsunsicherheit. Die Rechtsprechung ist nicht einheitlich, die Literatur gespalten.

Hinzu kommt, dass ein Großteil der relevanten Gesetze, angefangen vom Vertragsrecht im BGB bis hin zu den diversen wettbewerbsrechtlichen Regelungen, in der Regel ausschließlich für Vorgänge in der „realen" Welt geschaffen wurden, auf welche sich die Verhältnisse im Internet nicht oder kaum unmittelbar übertragen lassen. Und auch die AGB, Grundsätze und faktischen Darstellungen der Auktionsplattformen stimmen nicht immer mit der tatsächlichen Rechtslage überein. Daher laufen die Nutzer der Internetauktionen – insbesondere die Verkäufer – selbst bei korrekter Anwendung dieser Regeln immer Gefahr, gegen geltendes Recht zu verstoßen.

Dies betrifft bereits einfache - für den Laien selbstverständliche - Dinge wie den Vertragsschluss oder den rechtlichen Charakter von Geboten. Vieles ist noch im Fluss, es ist daher besonders für Händler erforderlich, Gestaltungsspielräume zu erkennen und zu nutzen.

Dies gilt in ähnlichem Maße nicht nur für Auktionen, sondern auch für Festpreisangebote bzw. Shop-Angebote.

2. Gewerberecht

Die Art des Vertragsabschlusses bei Internetauktionen beschäftigt seit einigen Jahren sowohl Rechtsprechung als auch Literatur. Hauptschwerpunkte waren und sind vor allem die Fragen, wie verbindlich das Einstellen eines Artikels ist und ob es sich bei Internetauktionen um Versteigerungen im Rechtssinne und insbesondere im Sinne der Gewerbeordnung handelt.

Dabei muss zunächst geklärt werden, inwieweit das (weitgehend disponible, also abdingbare) bürgerliche Recht durch das zwingende Gewerberecht, das insbesondere im Hinblick auf Versteigerungen eine Vielzahl von Vorschriften enthält, überlagert wird.

So benötigt ein Versteigerer nach § 34b GewO eine behördliche Erlaubnis (§ 34b Abs. 1 S. 1 GewO), Die Versteigerung von Neuwaren ist grundsätzlich verboten (§ 34b Abs. 6 Nr. 5 b) GewO) und die umfangreichen – und für Internetauktionen kaum durchführbaren – Vorschriften der Versteigerungsverordnung[1] eingehalten werden müssten.

Grundsätzlich versteht man unter einer Versteigerung eine Veranstaltung, bei welcher eine Mehrzahl von Personen aufgefordert wird, eine Sache oder ein Recht zu erwerben. Dabei erhöht sich der Preis ausgehend von einem Mindestgebot im gegenseitigen Wettbewerb der Personen durch Überbieten so lange, bis keine Übergebote mehr abgegeben werden. Diese Voraussetzungen treffen unzweifelhaft auf Internetauktionen zu.

Zwar verlangt der *Bund-Länder-Ausschuss „Gewerberecht"* für die gewerberechtliche Versteigerung die Einschränkung, dass die Veranstaltung örtlich begrenzt sein muss und die Teilneh-

***

[1] Exemplarisch: Versteigerungsverzeichnis zwei Wochen vor Auktionsbeginn (§ 2 Abs. 1 S. 1 VerstV), Gelegenheit zur Besichtigung vor der Versteigerung (§ 4 S. 1 VerstV), Anzeige jeder Versteigerung zwei Wochen vor Termin bei den Ordnungsbehörden (§ 3 Abs. 1 S. 1 VerstV).

mer der Versteigerung grundsätzlich vor Ort anwesend sein müssen.² Dies überzeugt freilich nicht, schon das *LG Hamburg* hat dem Merkmal der örtliche Einschränkung lediglich eine funktionale Bedeutung insoweit zuerkannt, dass es dem Bieter jederzeit möglich sein muss zu erkennen, ob sein Gebot derzeit Höchstgebot oder bereits erloschen ist bzw. ob er den Zuschlag erhalten hat.³ Diese Voraussetzung ist bei Internetauktionen ohne weiteres erfüllt.

Im Ergebnis ist festzustellen, dass Internetauktionen die Voraussetzung sowohl der engen als auch der weiten Definition der Versteigerung erfüllen. Daher handelt es sich bei Internetauktionen folglich um Versteigerungen im Sinne der GewO.

Die Rechtsfolge für die Betreiber der Internetauktionen ist die Anwendbarkeit von § 34b GewO. Der Versteigerer benötigt eine behördliche Erlaubnis (§ 34b Abs. 1 S. 1 GewO), welche allerdings nur bei Unzuverlässigkeit des Betreibers versagt werden kann (§ 34b Abs. 4 GewO). Auch die Versteigerung von Neuwaren ist grundsätzlich verboten (§ 34b Abs. 6 Nr. 5 b) GewO) und die umfangreichen – und für Internetauktionen kaum durchführbaren – Vorschriften der Versteigerungsverordnung⁴ müssen eingehalten werden.

Allerdings haben Verstöße gegen die GewO oder VerstV keine Nichtigkeit der Verträge zur Folge.⁵ Ebenso führt eine (falsche) Mitteilung der zuständigen Ordnungsbehörde, dass eine Erlaubnis nicht notwendig ist, dazu, dass der Betreiber der Internetauktion nicht wettbewerbswidrig handelt.⁶ Verstöße gegen das Gewerberecht bleiben daher derzeit sanktionslos.

***

[2] Bund-Länder-Ausschuss „Gewerberecht", GewArch 1997, 60 (63).
[3] LG Hamburg, MMR 1999, 678, 679.
[4] Versteigerungsverzeichnis zwei Wochen vor Auktionsbeginn (§ 2 Abs. 1 S. 1 VerstV), Gelegenheit zur Besichtigung vor der Versteigerung (§ 4 S. 1 VerstV), Anzeige jeder Versteigerung zwei Wochen vor Termin bei den Ordnungsbehörden (§ 3 Abs. 1 S. 1 VerstV).
[5] BGH, NJW 1981, 1204
[6] LG Hamburg, MMR 1999, 678.

Der Gesetzgeber ist aufgerufen, die veraltete und unpassende Rechtslage der Wirklichkeit anzupassen und Internetauktionen aus dem Anwendungsbereich von Gewerbeordnung und Versteigerungsverordnung auszunehmen.

3. Bürgerliches Recht

Im Bürgerlichen Recht werfen Internet-Versteigerungen eine Vielzahl schwieriger Fragen auf. Dies hängt damit zusammen, dass die gesetzlich normierten Strukturen des Zustandekommens von Verträgen einem Leitbild aus dem 19. Jahrhundert folgen, in dem Verträge in der Regel persönlich oder schriftlich geschlossen wurden. All dies ist mit Einführung des Internets anders geworden und der kurze Exkurs zum Thema Gewerberecht zeigt mit aller Deutlichkeit, dass die heutigen Normen vielfach nicht in der Lage sind, neue Entwicklungen abzubilden. Man tut der Juristerei nicht Unrecht, wenn man ihr nachsagt, dass sie auf neue Entwicklungen stets verhalten reagiert.

Da es sich bei Internetauktionen um Versteigerungen im gewerberechtlichen Sinne handelt, ist zunächst zu prüfen, ob diese Bewertung auch auf das bürgerliche Recht übergreift. Dort einschlägig ist § 156 BGB, der besagt, dass der Vertrag bei Versteigerungen durch Zuschlag zustande kommt. Dieser stellt die Annahmeerklärung dar, die Gebotabgabe ist das Angebot.

Beim Zuschlag handelt es sich um eine Willenserklärung des Versteigerers. Ein solcher Zuschlag fehlt allerdings bei Internet-Auktionen. Daher ist durchaus fraglich, ob es sich bei einer Internetauktion tatsächlich um eine Versteigerung i.S.v. § 156 BGB handelt (etwa, indem man die automatisierte Bestätigungsmail als Sonderform des Zuschlags behandelt). Hierauf kommt es allerdings in aller Regel nicht an, weil die Regelung des § 156 BGB zumeist abbedungen ist, und zwar durch die - vorrangig geltenden - Allgemeinen Geschäftsbedingungen des Auktionshauses.

Zum Thema Vertragsschluss enthalten die aktuellen eBay-AGB folgendes:

§ 9 Vertragsschluss

    1. Indem ein Mitglied als Anbieter zwecks Durchführung einer Online-Auktion einen Artikel auf die eBay-Website einstellt, gibt es ein verbindliches Angebot zum

Vertragsschluss über diesen Artikel ab. Dabei bestimmt der Anbieter eine Frist, binnen derer das Angebot durch ein Gebot angenommen werden kann (Laufzeit der Online-Auktion). Das Angebot richtet sich an den Bieter, der während der Laufzeit der Online-Auktion das höchste Gebot abgibt und etwaige zusätzlich festgelegte Bedingungen im Angebot (z.B. bestimmte Bewertungskriterien) erfüllt.

2. *Der Bieter nimmt das Angebot durch Abgabe eines Gebots an. Das Gebot erlischt, wenn ein anderer Bieter während der Laufzeit der Online-Auktion ein höheres Gebot abgibt. ... eBay gibt selbst keine Gebote ab und nimmt keine Gebote der Mitglieder entgegen.*

3. *Mit dem Ende der von dem Anbieter bestimmten Laufzeit der Online-Auktion oder im Falle der vorzeitigen Beendigung durch den Anbieter kommt zwischen dem Anbieter und dem das höchste Gebot abgebenden Bieter ein Vertrag über den Erwerb des von dem Anbieter in die eBay-Website eingestellten Artikels zustande.*

Hierdurch hat eBay unter anderem die Anwendung des § 156 BGB unmittelbar ausgeschlossen, weil in den AGB geregelt ist, dass bereits das Einstellen eines Artikels ein verbindliches Angebot zum Vertragsschluss darstellt. Demgegenüber stellt das Anbieten eines Artikels nach § 156 BGB lediglich eine Einladung zur Abgabe eines Angebotes dar.

Deutlich wird weiterhin, dass durch die Mitteilung des Auktionsgewinns an den Höchstbietenden kein Zuschlag erteilt wird. Die diesbezügliche Mail soll nur eine Information darstellen, jedoch keine eigene Willenserklärung.

3.1. Einbeziehung der AGB

Damit die AGB des Plattformbetreibers eBay unmittelbare Wirkung auf den zwischen den Nutzern geschlossenen Vertrag entfalten, müssten sie allerdings zunächst einmal in den Vertrag einbezogen werden. Das ist jedoch zweifelhaft.

Eine unmittelbare Einbeziehung scheitert daran, dass keiner der Nutzer Verwender i. S. d. § 305 Abs. 1 BGB ist. Verwender ist vielmehr eBay. Auch durch die Rechtsfigur des Zueigenmachens findet keine Einbeziehung statt, da hierfür Voraussetzung ist, dass ein ausdrücklicher Hinweis hierauf gemäß § 305 Abs. 2 Nr. 1 BGB zu erfolgen hat. Das ist jedoch nicht der Fall.

Die Einbeziehung der eBay-AGB als vorvertraglicher Rahmenvertrag gem. § 305 Abs. 3 BGB scheitert regelmäßig bereits daran, dass eBay als Empfangsvertreter fungieren müsste,[7] was eBay in den eigenen AGB ausdrücklich ausschließt.[8] Auch für eine stillschweigende Einbeziehung ist kein Raum, da die Einbeziehung der AGB einschneidende Rechtsfolgen hat, die ausdrücklich vereinbart werden müssen.[9]

Schließlich könnten die eBay-AGB gem. § 310 Abs. 3 Nr. 1 BGB dem Unternehmer zugerechnet werden. Danach gelten AGB im Zweifel als vom Unternehmer gestellt. Grundlage dieser Regelung ist, dass dem Unternehmer eine strukturelle Überlegenheit gegenüber dem Verbraucher unterstellt wird und er daher AGB selbst dann gegen sich als Verwender gelten lassen muss, wenn sie auf Vorschlag eines Dritten in den Vertrag eingeführt werden.[10] Eine solche strukturelle Überlegenheit ist bei Internetauktionen allerdings gerade nicht festzustellen, da weder Ver-

***

[7] *Wiebe*-Spindler/Wiebe, Rn. 128.
[8] Soweit ersichtlich ist dies bei anderen Auktionsbetreibern nicht anders.
[9] So auch Schulze, S. 33; Goldmann, S. 74.
[10] Schulze, S. 31.

steigerer noch Bieter Einfluss auf die AGB des Plattformbetreibers nehmen können.

Hieraus folgt, dass AGB von eBay nicht unmittelbar in den Vertrag zwischen den Nutzern der Plattform einbezogen werden. Sie gelten hier also nicht.

3.2. Bedeutung für die Vertragsauslegung

Die eBay-AGB werden nicht in das Vertragsverhältnis der Nutzer einbezogen, gleichwohl erhalten sie eine weit reichende Bedeutung dadurch, dass für die Auslegung der abgegebenen Willenserklärungen heranzuziehen sind.[11] Ein besonderes Problem stellt hierbei die Frage, ob und wie die Nutzer von diesen AGB abweichen können.

Ohne Zweifel muss ein Abweichen von den AGB ausdrücklich erklärt werden, da ansonsten eine Willenserklärung – wie bereits dargestellt – immer auch an den in den AGB vorgesehenen Regeln ausgelegt wird. Ein konkludentes Abweichen von den AGB ist daher nicht möglich.[12]

Da ein Großteil des Angebots beim Einstellen des Artikels formularmäßig vorgegeben ist und nur noch durch Details konkretisiert werden kann, verbleiben für eine ausdrückliche Erklärung nur die Bereiche, in welchen umfangreichere individuelle Angaben gemacht werden können. Dies sind die Informationen zu den Zahlungsmethoden, die Artikelbeschreibung sowie die sog. „Mich"-Seite.

***

[11] OLG Hamm, NJW 2001, 1142. Das OLG Hamm verkannte in seiner Entscheidung die Individualität der Willenserklärung, die später vom BGH herausgestellt wurde.
[12] Schulze, S. 42.

3.2.1. Bedingungen in den Zahlungsinformationen

Beim Einstellen des Artikels hat der Verkäufer die Möglichkeit, Zahlungsinformationen individuell anzugeben. Da es sich dabei in aller Regel um AGB handelt, müssen diese wirksam gem. § 305 Abs. 2 BGB in den Vertrag einbezogen werden, was regelmäßig der Fall ist.

Gem. § 305c Abs. 1 BGB dürfen sich an dieser Stelle allerdings nur solche AGB befinden, die sich tatsächlich auf die Zahlung beziehen. Dazu gehören insbesondere die akzeptierten Zahlungsmethoden und Zahlungsfristen. Alle anderen AGB wären an dieser Stelle für die Bieter überraschend, da er angesichts der Überschrift hier nur mit Bedingungen für die Zahlung rechnet.

3.2.2. Artikelbeschreibung

Die Aufnahme eigener Bedingungen unmittelbar in der Artikelbeschreibung stellt den häufigsten Fall dar. Sie ist unproblematisch möglich, es gelten im Wesentlichen die allgemeinen Regelungen. Natürlich müssen die Bedingungen gut lesbar sein und ihre Erkennbarkeit darf nicht vom Vorhandensein besonderer Software („plug-in") abhängig gemacht werden.

3.2.3. „Mich"-Seite oder andere externe Webseiten

Eine dritte Möglichkeit ist das Festschreiben der Bedingungen auf der sog. „Mich"-Seite oder auf anderen externen Webseiten. Die „Mich"-Seite stellt auch die einzige Möglichkeit dar, auf seine eigene Webseite zu verlinken.

Werden die Bedingungen in dieser Weise gestellt, handelt es sich immer um AGB. Im Gegensatz zu den zuvor dargestellten Methoden befinden sich die AGB auch nicht direkt im Angebotstext, so dass nicht nur gem. § 305 Abs. 2 Nr. 1 BGB ausdrücklich auf sie hingewiesen werden muss, sondern es muss auch die Möglichkeit geschaffen werden, dass der Bieter von ihrem Inhalt Kenntnis erlangen kann, § 305 Abs. 2 Nr. 2 BGB.

Der Hinweis auf die AGB muss ausdrücklich erfolgen, der Hinweis muss deutlich sichtbar sein. Dies schließt insbesondere eine besonders kleine Schreibweise, das Verstecken zwischen wenig wichtigen Informationen sowie das bereits erwähnte „unsichtbare" Schreiben aus.[13]

Ebenso muss die Möglichkeit geschaffen werden, dem Nutzer die AGB zugänglich zu machen, § 305 Abs. 2 Nr. 2 BGB. Dies geschieht am einfachsten über einen Hyperlink, welcher direkt auf die AGB weiterleitet. Befinden sich die AGB auf der „Mich"-Seite, ist es nicht nötig, in die Artikelbeschreibung einen eigenen zusätzlichen Link zu setzen. Es genügt insoweit der Hinweis auf die „Mich"-Seite und die entsprechende Verlinkung neben dem Benutzernamen im Kopf der Seite, da es den Bietern zumutbar ist, diesen Link im Kopf der Auktion anzuklicken. Die „Mich"-Seite muss hierfür allerdings die AGB unmittelbar enthalten, ein dort befindlicher Link auf die extern abgelegten AGB genügt nicht, dies würde einer indirekten Verlinkung entsprechen.

3.3. Einstellen des Angebotes

Das Einstellen des Angebotes ist nach üblichem Geschäftsgebaren und nach der allgemeinen Erwartungshaltung der Marktteilnehmer lediglich als Aufforderung zur Angebotsabgabe, nicht jedoch als Angebot selber anzusehen. Dies folgt unter anderem bereits daraus, dass - ähnlich wie bei einem Angebot in einem Ladengeschäft - der Anbieter in aller Regel nicht blind mit jedermann kontrahieren will, sondern sich vorbehält, das Angebot eines Dritten zum Kauf anzunehmen oder nicht.

***

[13] *Holzbach/Süßenberger*-Mortiz/Dreier; Kap. C Rn. 290; Ernst, NJW-CoR 1997, 165 (167).

Auch hier gilt jedoch der Vorrang der Allgemeinen Geschäftsbedingungen von eBay, die vorsehen, dass im Falle einer Auktion das Einstellen des Artikels ein verbindliches Angebot des Verkäufers darstellt (§ 9 Nr. 1.1, siehe oben).

Vielfach wird zur Klärung dieser Frage auf das ältere RICARDO-Urteil des BGH rekurriert.[14] Dort gab der Verkäufer eine ausdrückliche Erklärung ab, dass er bereits mit Einstellung des Angebotes die Annahme des höchsten, wirksam abgegebenen Kaufangebots akzeptierte. Diese Fallkonstellation, insbesondere die ausdrückliche Erklärung des Verkäufers, ist bei eBay jedoch nicht üblich und in den AGB auch nicht vorgesehen. Sie spielt daher ebenso wenig eine Rolle wie die Frage, ob es sich beim Einstellen eines Artikels um ein Angebot oder eine vorweggenommene Annahme handelt. Die ABG von eBay beantworten diese Frage dahingehend, dass der Einsteller eines Auktionsartikels ein verbindliches Angebot zum Abschluss eines Kaufvertrages hierüber abgibt.

Während der Laufzeit der Auktion steht der Kaufvertrag freilich unter der Bedingung, dass bis zum Ende der Auktion kein höheres Gebot mehr abgegeben wird.

Dabei kann man davon ausgehen, dass es sich um eine aufschiebende Bedingung handelt. Bei einer auflösenden Bedingung wäre der Vertrag bis zum nächst höheren Gebot bereits wirksam (schwebende Wirksamkeit, § 158 Abs. 2 BGB), bei einer aufschiebende Bedingung würde die Wirksamkeit erst bei Ende Auktion eintreten (schwebende Unwirksamkeit, § 158 Abs. 1 BGB).

Die AGB von eBay sagen hierzu nichts.[15] Aus dem Ablauf der Internetauktionen ergibt sich freilich, dass es sich um eine aufschiebende Bedingung handelt. Vor Ablauf der Internetauktion sollen keine Leistungen ausgetauscht werden oder weitergehende Verbindlichkeiten begründet werden.[16] Hinzu kommt, dass

***

[14] BGH, NJW 2002, 363.
[15] Anders: KG, NJW 2005, 1053.
[16] Schulze, S. 25.

ein auflösend bedingtes Rechtsgeschäft häufig von der Erwartung getragen ist, dass die Bedingung nicht eintritt. Dies ist bei Internet-Auktionen regelmäßig der Fall. Der Vertrag steht also unter der aufschiebenden Bedingung, dass bis zum Ende der Laufzeit der Auktion kein höheres Gebot abgegeben wird.[17]

3.4. Abgabe des Gebotes

Die Gebotsabgabe erfolgt durch das Klicken auf die entsprechende Schaltfläche bei eBay. Es ist seit längerem auch in der Rechtsprechung allgemein anerkannt, dass auch mit Hilfe von EDV-Anlagen abgegebene Erklärungen wirksam sind.[18]

Fraglich ist, wann die Willenserklärung dem Empfänger zugeht, was nach § 130 BGB für deren Wirksamkeit erforderlich ist. Grundsätzlich sind auch bei online abgegebenen Erklärungen die allgemeinen Regeln des Zugangs unter Abwesenden zu beachten. Dies betrifft hier insbesondere den Zugang zur Unzeit, also etwa nachts.

Eine verkörperte Willenserklärung geht unter Abwesenden zu, wenn sie in den Einflussbereich des Empfängers gelangt und dieser unter normalen Möglichkeiten von dieser Kenntnis nehmen kann. Der Zugang erfolgt allerdings erst zu dem Zeitpunkt, zu welchem allgemein eine Kenntnisnahme zu erwarten ist.[19] So geht eine E-Mail erst am nächsten Tag zu, wenn sie nachts versandt wurde.[20] Dies gilt nur dann nicht, wenn der Empfänger tatsächlich früher Kenntnis von der Erklärung genommen hat. Eine nicht verkörperte Willenserklärung unter Abwesenden kann demgegenüber nur dann zugehen, wenn der Empfänger sie tatsächlich wahrnimmt.

***

[17] Trinks, MMR 2004, 500, 501.
[18] Statt aller: *Kramer*-MüKo, Vor § 116 Rn. 22
[19] *Heinrichs*-Palandt, § 130 Rn. 5.
[20] *Heinrichs*-Palandt, § 130 Rn. 7a.

Da eBay in seinen AGB (§ 9 Abs. 2) ausdrücklich ablehnt, als Empfangsvertreter für den Versteigerer zu fungieren (um einer möglichen Vertreterhaftung zu entgehen), ist der Zugang bei eBay unerheblich, es kommt auf den Zugang beim Versteigerer an. Hier ist fraglich, wann diesem die Erklärung zugeht.

Dies ist sicher dann der Fall, wenn der Versteigerer die Seite mit seinem Angebot aufruft und damit von dem Gebot Kenntnis erlangt. Doch was ist, wenn der Versteigerer gar nicht mehr ins Internet schaut? In dem Fall wird man davon auszugehen haben, dass dem Versteigerer, der ja das Angebotsende kennt und frei bestimmen kann, zugemutet werden kann, spätestens zu diesem Zeitpunkt die Auktion aufzurufen und so Kenntnis vom Gebot zu erlagen.[21] Dies betrifft freilich nur das erfolgreiche Höchstgebot, hinsichtlich der anderen (nicht zum Zuge gekommenen) Angebote kann der Zugang freilich offen bleiben.

Da das Höchstgebot spätestens mit Beendigung der Auktion als zugegangen gilt, ist dessen späterer Widerruf nicht mehr möglich. Das Höchstgebot ist also die wirksame Annahme des Angebots, der Vertrag ist zustande gekommen.

3.5. Vorzeitige Beendigung der Auktion

Im Regelfall ist die vorzeitige Beendigung einer Auktion zivilrechtlich unproblematisch. Ob der vorzeitige Abbruch möglich ist, richtet sich primär nach den Regeln des Auktionshauses, hier also eBay.

Dabei ist der Abbruch bei Erreichen eines aus der Sicht des Verkäufers akzeptablen Preises, den eBay als Vertragsschluss mit dem Höchstbietenden wertet (§ 9 Ziff. 3), unproblematisch. Hier kommt der Vertrag nach den oben dargestellten allgemeinen Regeln zustande.

***

[21] So auch *Hoffmann*-Leible/Sosnitza, Rn. 153; *Wiebe*-Spindler/Wiebe, Kap. 4 Rn. 37.

Allerdings ist fraglich, ob dies so rechtlich wirksam ist. Mit Einstellen des Artikels hat der Verkäufer ein Angebot gemacht und für die Annahme des Angebots eine Frist gem. § 148 BGB gesetzt, nämlich die Laufzeit der Auktion.[22]

Diese Frist kann der Verkäufer nicht eigenmächtig verkürzen.[23] Denn Empfänger des Angebots sind auch Nutzer, die das Angebot zur Kenntnis genommen haben. Durch die Verkürzung der Annahmefrist wäre es ihnen nun nicht mehr möglich, ihrerseits noch ein Gebot abzugeben. Da eBay die Auktion jedoch bereits beendet hat, ist die Übermittlung der Willenserklärung auf diesem Wege nicht mehr möglich.

Im Regelfall wird dieses Problem auch keine praktische Relevanz erlangen, bei der Versteigerung seltener Luxusgüter zum Beispiel sind freilich Fälle denkbar, in denen dies auftritt. So kann ein Bieter auch nach Abbruch der Auktion Gebote abgeben, etwa per Mail direkt gegenüber dem Versteigerer. Gehen diese dem Versteigerer innerhalb der ursprünglichen Versteigerungsfrist zu, bleiben sie wirksam.

Anders sieht es für die Fallgruppe aus, dass eine Auktion durch den Verkäufer abgebrochen wird, ohne dass es zu einem Vertrag kommen soll. Laut eBay soll dies bis zu einer Frist von 12 Stunden vor Ablauf der Auktion in drei Fällen möglich sein:

- Irrtum bzgl. der Beschaffenheit beim Einstellen des Artikels,
- Veränderung der maßgeblichen Beschaffenheit nach Einstellen des Artikels,
- Verlust oder Zerstörung des Artikels.

Dies ergibt sich allerdings nicht aus den AGB von eBay, sondern aus Erläuterungen des Auktionshauses auf seiner Webseite, deren rechtlicher Charakter freilich zweifelhaft ist. Bereits aus diesem Grund verneint die Rechtsprechung daher bislang gene-

***

[22] BGH, NJW 2005, 53 (54).
[23] *Heinrichs*-Palandt, § 148 Rn. 4; *Kramer*-MüKo, § 148 Rn. 6.

rell das Recht des Versteigerers zum vorzeitigen Abbruch der Auktion.[24] Dies kann freilich so generell nicht stehen bleiben, es kommt vielmehr auf den Einzelfall an:

3.5.1. Irrtum über Beschaffenheit des Artikels

Bei einem Irrtum über die Beschaffenheit des zu versteigernden Artikels ist eine Irrtumsanfechtung durchaus denkbar. So wird die grundsätzliche Geltung der Anfechtungsregelung des § 119 BGB in diesem Stadium noch nicht durch die Spezialregeln der Sachmängelhaftung verdrängt, letztere greifen erst im Fall des Wirksamwerdens des Vertrages, nicht jedoch bereits in der Phase der (aufschiebenden) Bedingtheit.[25] Ein bislang unbekannter Sachmangel, der während der Laufzeit der Auktion entdeckt wird, ist daher als Irrtum über eine wesentliche Eigenschaft ein Anfechtungsgrund i.S.v. § 119 Abs. 2 BGB und berechtigt zum Abbruch der Auktion.

Die Anfechtung muss unverzüglich nach Kenntnis des Irrtums erklärt werden, § 121 Abs. 1 S. 1 BGB. Die Anfechtungserklärung muss außerdem gegenüber dem Anfechtungsgegner abgegeben werden, § 143 Abs. 1 BGB. Bei Internetauktionen ist dies der zum Zeitpunkt der Anfechtung Höchstbietende. Das Gesetz verlangt in § 143 BGB keine Angabe von Anfechtungsgründen, in der Literatur ist dies freilich umstritten. Immerhin hat der Empfänger der Anfechtungserklärung ein Interesse daran, zu erfahren, warum angefochten wird. Richtigerweise muss der Anfechtende daher in seiner Anfechtungserklärung zumindest verdeutlichen, auf welchem tatsächlichen Grund die Anfechtung

***

[24] OLG Oldenburg, NJW 2005, 2556; KG, NJW 2005, 1053; LG Berlin, NJW 2004, 2831; LG Coburg, MMR 2005, 330
[25] Vgl. BGH, BGHZ 34, 32 (34), welcher ausdrücklich erklärt, dass der Ausschluss des Anfechtungsrechts nur dann greift, wenn die Gewährleistungsrechte bereits entstanden sind, also mit Gefahrenübergang.

beruht.[26] Andere Stimmen verlangen lediglich, dass dem Empfänger der Anfechtungserklärung auf dessen Nachfrage der Grund mitgeteilt werden muss.[27] Jedenfalls ist ein späteres Nachschieben von weiteren Anfechtungsgründen nicht möglich, da es sich bei der Anfechtungsfrist um eine Ausschlussfrist handelt. Bei der Mitteilung der Gründe müssen also sämtliche Anfechtungsgründe angegeben werden, wenn sich die Gründe bereits aus der Anfechtungserklärung ergeben, muss diese ebenfalls vollständig sein.[28]

Da die Anfechtung bei eBay automatisiert erfolgt und der Anfechtende regelmäßig keine Möglichkeit hat, die Erklärung inhaltlich zu gestalten, bleiben nur die vorgegebenen Optionen. Aus diesen lässt sich aber nicht immer der Grund für die Anfechtung erkennen. Es kann daher für die Wirksamkeit hier nicht allein auf eine vollständige Erkennbarkeit der Gründe ankommen. Wenn der Anfechtungsgegner Zweifel an den Anfechtungsgründen hat, kann von ihm verlangt werden, dass er die Gründe vom Erklärenden erfragt.

Dem Empfänger der Anfechtung steht gem. § 122 Abs. 1 BGB ein Schadenersatzanspruch zu. Allerdings beschränkt sich der Schadenersatzanspruch auf den Vertrauensschaden, ein Anspruch auf Erfüllung oder Schadenersatz wegen Nichterfüllung besteht nicht. Der Empfänger der Anfechtungserklärung wird vielmehr so gestellt, als ob er von der Auktion nie erfahren hätte. Zu ersetzen sind demnach im Wesentlichen Aufwendungen, die im unmittelbaren Zusammenhang mit der abgebrochenen Auktion – und ausschließlich für diese – getätigt wurden.[29] Solche Aufwendungen werden bei Internetauktionen lediglich in wenigen Ausnahmefällen zu finden oder gar nachzuweisen sein. Denkbar sind z. B. Telefonanrufe beim Verkäufer, um Details wegen des angebotenen Artikels zu klären oder, bei größeren

***

[26] *Heinrichs*-Palandt, § 143 Rn. 3; *Hefermehl*-Soergel, § 143 Rn. 2.
[27] Brox, Rn. 433.
[28] *Heinrichs*-Palandt, § 143 Rn. 3; *Mayer-Maly/Busche*-MüKo, § 143 Rn. 10.
[29] *Heinrichs*-Palandt, § 122 Rn. 4.

Artikeln, evtl. eine Anfahrt zur persönlichen Inaugenscheinnahme. Auch Schäden, die aus einem infolge der Anfechtung nicht zustande gekommenen Folgegeschäft resultieren, können in seltenen Fällen ersetzbar sein.[30]

Die Höhe des Schadenersatzes ist gleichzeitig durch das positive Erfüllungsinteresse des Erklärungsempfängers beschränkt. Das Schadenersatzrisiko bei Abbruch der Auktion ist für einen Verkäufer also überschaubar.

3.5.2. Veränderung, Verlust, Zerstörung des Artikels

In diese Fallgruppe fallen die Sachverhalte, bei denen die Veränderung der Beschaffenheit nach Abgabe des Angebotes, allerdings vor dessen Annahme, eintritt. Gemeint ist hier die tatsächliche Veränderung, etwa ein späterer Unfall mit einem per Auktion angebotenen Kraftfahrzeug. Gleiches gilt für den Verlust (z.B. Diebstahl) und die Zerstörung des Auktionsgutes.

In diesem Fall ist eine Irrtumsanfechtung ausgeschlossen, da sich der Anbieter bei Einstellen der Auktion in keinem Irrtum befand. Dass eBay in seinen Bedingungen den Abbruch der Auktion in diesem Fall erlaubt, stimmt mit den gesetzlichen Regelungen im Bürgerlichen Gesetzbuch nicht überein. Da sich aus den AGB von eBay - die hierzu schweigen - auch kein abweichender Parteiwille erkennen lässt, kommt eine Anfechtung kommt für diese Fallgruppe nicht in Frage. Ein Abbruch der Auktion ist nicht wirksam, allerdings wird man unter Umständen die Grundsätze des Wegfalls der Geschäftsgrundlage auf dieses Rechtsgeschäft übertragen können mit der Folge, dass Erfüllungsansprüche untergehen. In der Praxis wird dieser Fall allerdings kaum vorkommen, da es gerade im Interesse des potentiellen Käufers ist, im Fall der wesentlichen Veränderung des Versteigerungsgutes nicht an das Gebot gebunden zu sein.

***

[30] *Heinrichs*-Palandt, § 122 Rn. 4.

Im Fall der Zerstörung und des Verlustes kommt darüber hinaus eine entsprechende Heranziehung der Regelungen über die Unmöglichkeit der Leistung in Betracht.

3.5.3. Irrtümlich fehlerhafte Beschreibung

Wer sich beim Verfassen der Auktionsbeschreibung z.B. vertippt (z.B. „Mercedes W124" statt „Mercedes W126"), irrt über das erklärte. Zwar ist diese Fallgruppe bei eBay nicht geregelt und berechtigt nach den internen Vorgaben von eBay auch nicht zur Beendigung der Auktion, gleichwohl handelt es sich bei einem Verschreiben im Auktionstitel, der Auktionsbeschreibung und insbesondere den weiteren Angaben zur Auktion wie Startpreis, Versandkosten etc. um einen Erklärungsirrtum gem. § 119 Abs. 1 BGB. Der Erklärungsirrtum berechtigt den Verkäufer, seine Willenserklärung anzufechten, also in Konsequenz die Auktion abzubrechen.

Typische Erklärungsirrtümer sind das Verschreiben beim Startpreis (10 Euro statt 100 Euro). Aber auch das falsche Schreiben eines Markennamens im Auktionstitel (Smrt statt Smart) fällt hierunter. Eine solche Auktion mit falschem Auktionstitel wird bei einer Suche durch den Nutzer nicht bei den Ergebnissen angezeigt. Außerdem ist es nicht möglich, den Auktionstitel zu ändern, nachdem ein Gebot abgegeben wurde, so dass für den Verkäufer lediglich die Anfechtung und anschließender Neustart der Auktion verbleibt.

3.5.4. Alternativen zur vorzeitigen Beendigung

Es besteht die Möglichkeit, einen deutlichern Zusatz zur Auktionsbeschreibung hinzuzufügen oder den Auktionstitel zu ändern.

Solange noch kein Gebot auf einen Artikel abgegeben wurde, kann der Auktionstext sowie auch der Titel der Auktion durch den Verkäufer jederzeit ergänzt werden, sofern die Restlaufzeit noch mindestens 12 Stunden beträgt. Ein Hinweis unter der Auktionsbeschreibung weist die Interessenten darauf hin, dass der Text verändert wurde.

Nach Abgabe des ersten Gebotes können lediglich Zusätze zum ursprünglichen Auktionstext hinzugefügt werden. Eine Abänderung des Titels ist nicht mehr möglich.

Die Änderung des Auktionstextes oder der Artikelbeschreibung nutzt jedoch nur in bescheidenem Rahmen und sollte daher nur dort gewählt werden, wo eBay den Abbruch der Auktion nicht selber anbietet. So ist z.B. unklar, was für Folgen die Änderung des Auktionstextes auf früher abgegebene Gebote hat. Im Ergebnis ist klar, dass die bisherigen Bieter nicht mehr ohne weiteres an ihre abgegebenen Gebote gebunden sein können. Denn durch die Veränderung des Angebotes handelt es sich nun nicht mehr um einander entsprechende Willenserklärungen. Allerdings steht es allein im Ermessen des Bieters, ob er sich weiterhin an sein Gebot gebunden wissen will.

Schadenersatzansprüche nach § 160 Abs. 1 BGB bestehen nur im Falle des Verschuldens, im Regelfall also gerade nicht. Das gleiche gilt für einen Schadenersatzanspruch aus §§ 283 S. 1, 275 BGB.

4. Gestaltungsvorschläge

4.1. Verlinkung

Von den AGB des Plattformbetreibers abweichende Klauseln sollen immer im Rahmen der Auktionsbeschreibung verwendet werden, da die bekannten AGB des Plattformbetreibers als Auslegungsgrundlage auf den Empfängerhorizont des Käufers einwirken. Um dem entgegenzuwirken, müssen die Klauseln eindeutig einbezogen sein und die AGB von eBay überlagern.

4.2. Angebot/Invitatio ad offerendum

Dieser erste Vorschlag soll die Verbindlichkeit des Angebots während der Laufzeit aufheben:

Das Einstellen dieses Artikels stellt nur eine Einladung zur Abgabe eines Angebotes dar. Die Gebote der Bieter stellen hingegen verbindliche Angebote dar. Das Höchstgebot bei Ablauf der Auktionszeit wird bereits jetzt angenommen.

Eine solche Gestaltung kehrt den von eBay vorgesehenen Vertragsschlussmechanismus um. Dabei nähert sich der Vertragsschluss stark an das gesetzliche Leitbild des § 156 BGB an, indem die Gebote als Angebote i. S. d. § 145 BGB betrachtet werden. Eine Verbindlichkeit der Auktion nach Zeitablauf wird erreicht, indem bereits mit Einstellen des Angebots die Annahme des Höchstgebotes erklärt wird.

Für den Verkäufer entsteht durch diese Gestaltung der erhebliche Vorteil, dass während der Laufzeit des Angebotes keine Verträge zustande kommen, da eine entsprechende Willenserklärung des Verkäufers ausdrücklich erst mit Ablauf der Auktionslaufzeit abgegeben wird. Folge hiervon ist, dass der Verkäufer sein Angebot, welches rechtlich lediglich ein invitatio ad offerendum darstellt, bis zum Ablauf der Auktionslaufzeit zurücknehmen kann.

Eine solche Klausel verstößt auch nicht gegen die AGB-Inhaltskontrolle (§ 307 Abs. 1 S. 1 BGB) Dass der Verkäufer bis kurz vor Ablauf der Auktionslaufzeit sein Angebot zurückziehen kann, mag zwar für den Bieter ärgerlich sein, stellt allerdings wohl keine unangemessene Benachteiligung dar. Insbesondere kann sich der Höchstbieter ohnehin nicht darauf verlassen, dass er zum Ende der Auktion tatsächlich Vertragspartner wird, da er jederzeit von einem weiteren Interessenten überboten werden kann. Insoweit hat der Höchstbieter keine so weit gehende Schutzwürdigkeit, dass die Möglichkeit der Rücknahme des unverbindlichen Angebotes bereits eine unangemessene Benachteiligung darstellt. Auch weicht die Klausel nicht von einem wesentlichen Grundgedanken der gesetzlichen Regelung ab.

4.3. Ausschluss von Bietern

Weit verbreitet ist es, bestimmte Bieter von den Auktionen auszuschließen, da der Verkäufer mit diesen nicht kontrahieren möchte. Besondere Bedeutung hat dabei das interne Bewertungssystem der Plattformen. Eine solche Klausel könnte beispielsweise lauten:

Von dem Angebot ausgeschlossen sind Bieter mit weniger als 10 Bewertungen oder einem Anteil an positiven Bewertungen von weniger als 90 %.

Ziel dieser Klausel ist es, von vornherein unzuverlässige oder jedenfalls unsichere Vertragspartner auszuschließen. Diese Notwendigkeit ergibt sich, da in der Regel ein automatischer Vertragsschluss mit dem Höchstbieter gegeben ist und so der Verkäufer gegenüber unsicheren Vertragspartnern keinen Schutz hat. Er ist gezwungen, selbst mit Bietern zu kontrahieren, welche sich in der Vergangenheit als unzuverlässig erwiesen haben und trägt damit die erhebliche Gefahr, dass der Bieter den Vertrag nicht erfüllt.

Die Einfügung einer solchen Klausel hat zur Folge, dass sich das Angebot ausdrücklich an die genannte Bietergruppe nicht richtet. Sollte nun ein Bieter mit weniger als 10 Bewertungen für den Artikel ein Gebot abgeben, so wäre dieses nicht wirksam, da ein Dissens über die möglichen Vertragspartner besteht. Der Verkäufer hätte folglich die Möglichkeit, dieses aus dem System zu löschen.[31] Problematisch ist allerdings, dass durch dieses Übergebot trotzdem das vorhergehende Gebot (und so auch alle vorhergehenden) erloschen sind, so dass die Auktion faktisch wieder bei ihrem Anfangsgebot anfangen müsste. Dies wird allerdings im eBay-System nicht dargestellt.

Gegen eine solche Klausel bestehen grundsätzlich auch keine AGB-rechtlichen Bedenken, da es dem Verkäufer möglich sein muss, sich bei dieser Form des Vertragsschlusses zu schützen. Insofern ist die Benachteiligung dieser Bieter jedenfalls nicht unangemessen. Allerdings dürfen die an die Bieter gestellten Bedingungen nicht zu hoch sein, da sich der Verkäufer sonst so faktisch aus nahezu jeder Vertragsbindung lösen könnte.

Eine ebenfalls häufig genutzte Variante bietet die folgende Formulierung:

Bieter mit weniger als 10 Bewertungen oder einem Anteil positiver Bewertungen von weniger als 90 % müssen mir vor Gebotsabgabe eine Email senden und von mir bestätigt werden.

Der Effekt ähnelt dem der vorhergehenden Variante. Auch hier werden Bieter grundsätzlich ausgeschlossen, können aber trotz Nichterfüllung der Bedingungen vom Verkäufer genehmigt werden. Die Überlegung hinter dieser Klausel geht zum einen davon aus, dass sog. Spaßbieter, welche auf Artikel bieten ohne die Absicht zu haben, diese zu bezahlen, durch den vorhergehenden Aufwand abgeschreckt werden. Zum anderen soll neu

***

[31] Die technischen Möglichkeiten hierfür sind bei eBay gegeben.

angemeldeten oder wenig aktiven Nutzern trotzdem die Möglichkeit gegeben werden, den Artikel zu erwerben.

Auch diese Klausel ist nicht zu beanstanden.

5. Wettbewerbs- und Verbraucherschutzrecht

Die für Internetauktionen wichtigsten Regelungen des Verbraucherschutzrechts betreffen das Fernabsatzrecht. Hinzu kommen spezielle Vorschriften des Preisangabenrechts sowie des Verbrauchsgüterkaufs.

5.1. Unternehmer und private Verkäufer

Grundsätzlich gelten Verbraucherschutzregeln nur dann, wenn der Verkäufer als Unternehmer (§ 14 Abs. 1 BGB) handelt. Das Wettbewerbsrecht stellt hingegen regelmäßig auf den weiterführenden Begriff des geschäftsmäßigen Handelns[32] bzw. auf das Handeln zugunsten eines eigenen oder fremden Unternehmens[33] ab.

5.1.1. Unternehmer

Unternehmer ist eine Person, „die bei Abschluss eines Rechtsgeschäfts in Ausübung ihrer gewerblichen oder selbständigen beruflichen Tätigkeit handelt", § 14 Abs. 1 BGB. Hierunter fallen sowohl juristische als auch natürliche Personen ebenso wie die rechtsfähigen Personengesellschaften (§ 14 Abs. 2 BGB). Nach § 1 Abs. 2 HGB ist eine Tätigkeit dann gewerblich, wenn sie planvoll, dauerhaft, selbständig und wirtschaftlich ist. Für die Wirtschaftlichkeit ist keine Gewinnerzielungsabsicht notwendig, es genügt die Entgeltlichkeit der Tätigkeit.[34]

***

[32] So z. B. § 1 Abs. 1. S. 1 PAngV.
[33] Vgl. § 2 Abs. 1 Nr. 1 UWG.
[34] *Micklitz*-MüKo, § 14 Rn. 17.

Am schwierigsten ist regelmäßig die Feststellung der planvollen, dauerhaften Tätigkeit.[35] Planvoll und dauerhaft ist die Tätigkeit dann, wenn sie nicht nur gelegentlich ausgeübt wird und „ein gewisser organisatorischer Mindestaufwand" betrieben wird.[36] Die Literatur plädiert bei Internetauktionen im Hinblick auf die faktische Unmöglichkeit für den Verbraucher, dem Vertragspartner die Unternehmereigenschaft absolut nachzuweisen, nahezu geschlossen für die Anwendung von Indizienbeweisen.[37] Dies gilt insbesondere für die Fälle, in denen sich Unternehmer bewusst oder aus Unwissenheit als Privatverkäufer ausgeben.[38] Die Rechtsprechung hat sich u. a. im Rahmen von fernabsatzrechtlichen Fragen mit der Dauerhaftigkeit und somit auch mit der Abgrenzung von privaten und unternehmerischen Verkäufern befasst. Allein die Tatsache, dass eine Person regelmäßig Waren über eBay anbietet und hierfür AGB verwendet, stellt noch nicht zwangsläufig eine dauerhafte und planmäßige Tätigkeit dar.[39] Auf der anderen Seite sollen 39 Transaktionen (Käufe und Verkäufe) über einen Zeitraum von fünf Monaten bereits Tätigkeiten außerhalb des im privaten Verkehr Üblichen sein.[40] Gleiches galt im Fall eines Verkäufers, der innerhalb zweier Tage 17 verschiedene Parfümimitate mit identischem Anfangspreis und nahezu identischer Angebotsbeschreibung zum Verkauf anbot.[41] Und auch das *OLG Frankfurt/M.* sah im Verkauf von mehr als 40 neuen bzw. neuwertigen Büchern über einen Zeitraum von etwa zwei Monaten eine gewerbliche Tätigkeit.[42]

***

[35] Borges, DB 2005, 319 (325).
[36] *Micklitz*-MüKo, § 14 Rn. 13.
[37] Mankowski, VuR 2004, 79 (80 f.); Kaestner/Tews, WRP 2004, 391 (392); Szczesny/Holthusen, K & R 2005, 302 (304); Mankowski, JZ 2005, 444 (450); Spindler, MMR 2005, 40 (44).
[38] Szczesny/Holthusen, K & R 2005, 302 (303).
[39] AG Detmold, CR 2004, 859.
[40] LG Berlin, CR 2002, 371 (372).
[41] LG Hamburg, MMR 2005, 326 (327).
[42] OLG Frankfurt, NJW 2004, 2098 (2099).

Eine pauschale Beurteilung ist naturgemäß schwer möglich. Vielmehr muss auf den jeweiligen Einzelfall abgestellt werden. Erforderlich ist in jedem Fall eine gewisse zeitliche Dauerhaftigkeit und Nachhaltigkeit der Tätigkeit. Wer über einen Zeitraum von drei Monaten hinweg regelmäßig in kürzeren Abständen Waren anbietet, der handelt im Zweifel gewerblich. Dies gilt verstärkt, wenn es sich um immer die gleichen oder vergleichbaren Waren handelt und daher beim Verbraucher der Eindruck einer nachhaltigen gewerblichen Tätigkeit entstehen muss. Dabei ist auf den Verbraucherhorizont abzustellen, d. h. dieser muss erkennen können, dass es sich gerade nicht um eine unternehmerische Tätigkeit handelt.[43] Auf eine entsprechende Aussage, mit welcher sich der Verkäufer als Privatverkäufer darstellt, kann es dabei selbstverständlich nicht ankommen.

Nicht zu vernachlässigen ist die Indizienwirkung des Bewertungssystems der Auktionsplattform. Aus diesem lässt sich nicht nur die Anzahl der bisherigen Transaktionen erkennen, sondern über eine Verlinkung können die in den letzten 90 Tagen gekauften und verkauften Artikel betrachtet werden. Ergibt sich aus diesen Informationen, dass der Verkäufer in diesem Zeitraum wiederholt gleichartige Waren verkauft hat, deutet dies auf unternehmerisches Handeln hin.[44]

Gleiches gilt für den Status als Powerseller, dieser indiziert in jedem Fall eine Unternehmereigenschaft.

Existenzgründer sind Unternehmern gleichgestellt.[45]

5.1.2. Geschäftsmäßiges Handeln

Der Begriff des geschäftsmäßigen Handelns wird z. B. in der Preisangabenverordnung[46] verwandt, um eine Abgrenzung zum

***

[43] Borges, DB 2005, 319 (326).
[44] Schulze, S. 71; Mankowski, JZ 2005, 444 (452).
[45] BGH, NJW 2005, 1273 (1274).

privaten Handeln und eine Erweiterung zum gewerblichen Handeln zu treffen. Nach einhelliger Meinung entspricht der Begriff der Definition der Wettbewerbshandlung in § 2 Abs. 1 Nr. 1 UWG.[47]

Ein geschäftsmäßiges Handeln ist danach die Handlung einer Person mit dem Ziel, zugunsten des eigenen oder eines fremden Unternehmens den Absatz oder den Bezug von Waren oder Dienstleistungen zu fördern.

Der Begriff des Handelns ist grundsätzlich weit zu fassen, ebenso die Förderung des Absatzes oder Bezugs von Waren oder Dienstleistungen.

5.2. Fernabsatzrecht

Besondere Bedeutung bei Internetauktionen haben die Regelungen des Fernabsatzrechts.

Die Regelungen des Fernabsatzrechts gelten grundsätzlich für alle Verträge über die Lieferung von Waren oder Erbringung von Dienstleistungen von Unternehmern an Verbraucher, welche unter ausschließlicher Verwendung von Fernkommunikationsmitteln geschlossen werden, § 312b Abs. 1 S. 1 BGB. Dabei genügt bereits die Möglichkeit dass ein Verbraucher Vertragspartner werden kann. Verträge bei Internetauktionen fallen i. d. R. immer unter die Regelungen des Fernabsatzrechts.

*****

[46] § 1 Abs. 1 S. 1 PAngV.
[47] *Köhler*-Baumbach/Hefermehl, Vorb PAngV Rn. 13; Götting, § 8 Rn. 56.

5.2.1. Informationspflichten

Die vorvertraglichen Informationspflichten ergeben sich aus § 312c Abs. 1 S. 1 BGB i. V. m. § 1 Abs. 1 BGB-InfoV. Für Internetauktionen sind die folgenden Angaben relevant: Identität des Unternehmers, ladungsfähige Anschrift des Unternehmers, wesentliche Merkmale der Ware oder Dienstleistung, Informationen, wie der Vertrag zustande kommt, Gesamtpreis sowie ggf. anfallende Liefer- und Versandkosten, Einzelheiten zur Zahlung und Lieferung/Erfüllung und das Bestehen eines Widerrufs- oder Rückgaberechts.

Die Angaben müssen klar und verständlich und in einer dem eingesetzten Fernkommunikationsmittel entsprechenden Weise zur Verfügung gestellt werden, § 312c Abs. 1 S. 1 BGB. Für Internetversteigerungen bedeutet dies, dass die Informationen auch über das Internet abrufbar sein müssen. Weiterhin muss über den geschäftlichen Zweck, also das Handeln als Unternehmer, informiert werden.

Auch hier ist es sinnvoll, die Angaben entweder direkt in den Auktionstext zu integrieren (die beste Lösung), aber auch Angaben auf der „Mich"-Seite oder auf einer externen Webseite können genügen, sofern ein deutlicher Hinweis hierauf erfolgt.[48]

5.2.1.1. Informationen zum Unternehmer

Hierunter fällt neben dem Namen des Unternehmers insbesondere die ladungsfähige Anschrift sowie ggf. die Benennung eines gesetzlichen Vertreters. Eine Postfachanschrift genügt hierfür nicht. Eine Verpflichtung zur Angabe von Telefonnummer, E-mail- oder Internetadresse ergibt sich aus dem Gesetz nicht.[49]

***

[48] Vgl. im Hinblick auf die „Mich"-Seite OLG Hamm, NJW 2005, 2319.
[49] anders ohne Begründung *Grüneberg*-Palandt, § 1 BGB-InfoV Rn. 2.

5.2.1.2. Informationen zu Ware bzw. Dienstleistung

Der Händler muss Informationen über die wesentlichen Merkmale der Ware geben. Anzugeben sind die technischen Daten oder sonstigen Parameter, die die Kaufentscheidung des Verbrauchers beeinflussen können (Größe, Farbe, Leistung). Der Umfang der anzugebenden wesentlichen Merkmale variiert selbstverständlich, je nachdem, welche Produkte angeboten werden. Der Verbraucher muss in der Lage sein, die angebotene Ware anhand der angegebenen Merkmale mit anderen Artikeln vergleichen zu können und seine Kaufentscheidung zu treffen.[50]

5.2.1.3. Informationen zum Vertragsschluss

Weiterhin muss der Unternehmer angeben, wie der Vertrag schließlich zustande kommt, d. h. in welcher Form die Annahmeerklärung abgegeben wird. Dies ist bei Internetauktionen freilich entbehrlich, wenn nicht von den Grundsätzen der jeweiligen Betreiber-AGB abgewichen werden soll. Denn diese Angaben, welche durch den Verbraucher bei der Registrierung zur Kenntnis genommen werden müssen, ersetzen die Verpflichtung für den Unternehmer aus § 1 Abs. 1 Nr. 4 BGB-InfoV.[51]

5.2.1.4. Informationen zu Preis, Liefer- und Versandkosten

Gem. § 1 Abs. 1 Nr. 8 BGB-InfoV muss der Unternehmer die zusätzlich anfallenden Liefer- und Versandkosten genau angeben sowie auf eventuelle weitere Kosten (z. B. Einfuhrumsatzsteuer) zumindest hinweisen.

***

[50] Woitke, BB 2003, 2469 (2470).
[51] Kaestner/Tews, WRP 2004, 391 (398)

Gem. § 1 Abs. 1 Nr. 7 BGB-InfoV muss weiterhin entweder über einen Endpreis oder die Grundlage für die Preisberechnung informiert werden. Die Angabe eines Endpreises ist bei Versteigerungen naturgemäß nicht möglich, da sich dieser ja gerade erst im Laufe der Versteigerung durch das gegenseitige Überbieten bildet. Insoweit verbleibt dem Unternehmer hier nur die zweite Alternative, nämlich die Information über die Grundlage der Preisberechnung. Der Unternehmer muss insoweit über das Anfangsgebot als Ausgangspreis, über die Dauer der Annahmefrist, evtl. über die Höhe der Bietschritte sowie über enthaltene oder noch hinzuzurechnende Preisbestandteile informieren. Eine Information über den konkreten Ablauf der Auktion kann auch hier entfallen, da diese bereits im Rahmen der AGB durch den Betreiber der Internetauktionsplattform abgegeben wurde.

5.2.1.5. Zahlungs- und Lieferungsbedingungen

Der Verbraucher muss wissen, wie er die Zahlungen zu leisten hat. Es genügt hier, wenn die grundsätzliche Zahlungsart vor Vertragsabschluss bekannt ist, also ob per Vorkasse, Rechnung oder Nachnahme, ggf. auch E-Payment, gezahlt wird und wann die Zahlung fällig ist. Eine Angabe der Bankverbindung vor Abschluss des Vertrages ist nicht notwendig.

Weiterhin muss der Unternehmer angeben, wann die Ware geliefert wird. Auch die Art der Lieferung ist anzugeben, z. B. Versand über DHL, DPD oder UPS. Über den Zeitpunkt der Lieferung kann im Regelfall nur ein Näherungswert angegeben werden.

Auch für diese Informationen stellt eBay ein separates Eingabefenster zur Verfügung, die Angaben erscheinen unterhalb der eigentlichen Artikelbeschreibung. Zusätzlich sollten diese allerdings auch in die Artikelbeschreibung selbst mit aufgenommen werden.

5.2.1.6. Informationen über Widerrufs- bzw. Rückgaberecht

Schließlich muss der Unternehmer noch ausdrücklich über das Widerrufs- bzw. Rückgaberecht informieren. Dabei muss grundsätzlich erst einmal festgestellt werden, ob ein solches überhaupt existiert. Dagegen spricht insbesondere, dass gem. § 312d Abs. 4 Nr. 5 BGB für Verträge, die in der Form einer Versteigerung (§ 156 BGB) geschlossen wurden, ein Widerrufsrecht nicht gegeben ist. Genauere Ausführungen zu dieser Problematik folgen im Anschluss.

Ist ein solches Recht gegeben, muss der Unternehmer zunächst darauf hinweisen, ob ein Widerrufsrecht gem. § 355 BGB oder ein Rückgaberecht gem. § 356 BGB existiert. Der Unternehmer hat hier gem. § 312d Abs. 1 S. 2 BGB ein Wahlrecht. Weiterhin muss bereits in diesem Stadium ausführlich über die Einzelheiten der Ausübung des Rechtes informiert werden, insbesondere über die Anschrift, an welche der Widerruf bzw. die rückzusendende Ware gesendet werden muss, sowie die Bedingungen und Rechtsfolgen der Ausübung.

5.2.2. Informationspflichten nach Vertragsschluss

Nach Vertragsschluss kommen auf den Unternehmer weitere Informationspflichten zu (§ 312c Abs. 2 BGB). Diese müssen – im Gegensatz zu den vorvertraglichen Pflichten – nunmehr in Textform und spätestens bei Lieferung der Waren an den Verbraucher erfüllt werden, § 312c Abs. 2 S. 1 Nr. 2 BGB. Die Erklärung in Textform muss in einer Weise abgegeben werden, die zur dauerhaften Wiedergabe in Schriftzeichen geeignet ist, § 126b BGB. Hierzu zählen neben der Wiedergabe auf Papier insbesondere auch Emails. Eine Erklärung auf einer Website ist nicht geeignet, da diese durch den Unternehmer nachträglich verändert werden kann und damit nicht zur dauerhaften Wiedergabe geeignet ist.⁵² Eine Unterschrift ist nicht notwendig.⁵³ Dabei sind die ladungsfähige Anschrift, die Informationen zum Widerrufs- bzw. Rückgaberecht sowie Kundendienst, Gewährleistungs- und Garantiebedingungen in „hervorgehobener und deutlich gestalteter Form" mitzuteilen, soweit sie nicht separat von den sonstigen Vertragsbedingungen übermittelt werden, § 1 Abs. 4 S. 3 BGB-InfoV.

Der Inhalt der Informationspflichten ergibt sich aus § 1 Abs. 4 S. 1, 3 BGB-InfoV. Insbesondere müssen die vorvertraglichen Informationspflichten komplett wiederholt werden, solange sie nicht bereits vor Vertragsschluss in Textform übermittelt wurden. Dies ist bei Internetversteigerungen i. d. R. nicht der Fall. Eine Ausnahme bildet die Angabe des Endpreises, der nun, nach Abschluss der Versteigerung, bekannt ist und daher genannt werden muss.

Zusätzlich müssen die Informationen über Kundendienst sowie geltende Gewährleistungs- und Garantiebedingungen erteilt werden, § 1 Abs. 4 S. 1 Nr. 3 lit. b) BGB-InfoV. Neben der Anschrift des Kundendienstes müssen hier Service-Hotlines, evtl. im Preis enthaltene Aktualisierungsmöglichkeiten sowie Wartungs- und Instandhaltungsverpflichtungen des Unternehmers genannt sein.

Weiterhin muss der Unternehmer die Bedingungen für die Geltendmachung von Gewährleistungs- oder Garantieansprüchen benennen. Benannt werden müssen hier nur Bedingungen, die von den gesetzlichen Regelungen zu Gunsten oder zu Lasten des Verbrauchers abweichen.⁵⁴ Dies ist auch im Hinblick auf die Transparenz sinnvoll, da sonst die zu gebenden Informationen mit Überflüssigem überfrachtet wären und der Verbraucher die

***

[52] *Heinrichs*-Palandt, § 126b Rn. 3.
[53] *Heinrichs*-Palandt, § 126b Rn. 1.
[54] Ende/Klein, S. 182; *Grüneberg*-Palandt, § 1 BGB-InfoV Rn. 22; Aigner/Hofmann, Rn. 333.

wichtigen – weil vom Gesetz abweichenden – Informationen unter Umständen nicht erkennen könnte.[55]

In der Regel versendet der Verkäufer von Waren diese mit einer Rechnung, welche bereits einen Teil der Informationen enthält. Hierzu gehören insbesondere die Identität sowie die Anschrift des Unternehmers, die Bezeichnung der Ware, der Endpreis sowie die Liefer- und Versandkosten und schließlich die Zahlungs- und Lieferbedingungen. Dabei sollte auch tatsächlich die ladungsfähige Anschrift und ein gesetzlicher Vertreter angegeben werden. Diese Angaben müssen gem. § 14 Abs. 4 UStG ohnehin auf jeder Rechnung enthalten sein.

Die weiteren Angaben sollten auf einem separaten Beiblatt getätigt werden. Eine Übersendung per Email ist zwar möglich, allerdings insoweit nicht empfehlenswert, als insbesondere die Widerrufsbelehrung hervorgehoben dargestellt werden muss. Dies kann bei Emails nicht sichergestellt werden. Zwar sind Emails grundsätzlich formatierbar, allerdings kann diese Formatierung nicht von jedem Programm dargestellt werden. Anders ist dies nur dann zu sehen, wenn die Email lediglich die Widerrufsbelehrung enthält und bereits im Betreff darauf hingewiesen wird.

Die Belehrung auf der Rückseite der Rechnung ist ausreichend, selbst wenn auf der Vorderseite kein entsprechender Hinweis vorhanden ist.[56] Allerdings dürfen sich in dem Fall nur die hervorgehoben darzustellenden Informationen an dieser Stelle befinden.

***

[55] a.A. *Wendehorst*-MüKo, § 312c Rn. 109.
[56] *Grüneberg*-Palandt, § 355 Rn. 16. Jedenfalls einen entsprechenden Hinweis auf der Vorderseite verlangen demgegenüber Aigner/Hofmann, Rn. 325.

5.2.3. Folgen der Nichterfüllung von Infopflichten

Gem. § 312d Abs. 2 BGB führt eine Nichterfüllung der vertraglichen Informationspflichten dazu, dass die Frist für das Widerrufsrecht nicht zu laufen beginnt. Dies führt allerdings nicht zu einem unendlichen Widerrufsrecht. Zum einen kann der Unternehmer die Informationen nachholen, zum anderen erlischt das Widerrufsrecht – vorbehaltlich einer wirksamen Widerrufsbelehrung – gem. § 355 Abs. 3 S. 1 BGB sechs Monate nach Vertragsschluss.

Ein Verstoß gegen die Vorschriften des §§ 312c BGB stellt eine unlautere Wettbewerbshandlung dar, so dass gem. § 3 i. V. m. § 4 Nr. 11 UWG die Sanktionsmöglichkeiten des UWG gegeben sind.[57]

Die Informationspflichten fallen zudem unter die in § 2 Abs. 2 Nr. 1 UKlaG genannten Verbraucherschutzvorschriften. Bei Zuwiderhandlung gegen solche kann der Verkäufer auf Unterlassung in Anspruch genommen werden, § 2 Abs. 1 S. 1 UKlaG. Klageberechtigt sind gem. § 3 Abs. 1 S. 1 UKlaG insbesondere Verbraucherschutzverbände, Industrie- und Handelskammern und Handwerkskammern.

Schließlich besteht noch die Möglichkeit, Schadenersatzansprüche gem. § 280 Abs. 2 BGB geltend zu machen.[58]

***

[57] Vgl. hierzu Kap. 4.7.
[58] *Grüneberg*-Palandt, Einf BGB-InfoV Rn. 8 ff.

5.2.4. Widerrufs- und Rückgaberecht

5.2.4.1. Geltung bei Internetversteigerungen

Wie bereits ausgeführt, ist gem. § 312d Abs. 4 Nr. 5 BGB das Widerrufsrecht bei Verträgen, die „in Form von Versteigerungen (§ 156 BGB) geschlossen" wurden, ausgeschlossen.

Trotz der an sich klaren Einschränkung auf Versteigerungen nach § 156 BGB gab es lange Streit und Unsicherheit, ob das Widerrufsrecht auf Internetversteigerungen anwendbar ist.[59] Auch die Instanzgerichte kamen zu unterschiedlichen Ergebnissen.[60] Für eBay hat letztlich der *BGH* diese Frage zugunsten der Verbraucher entschieden.[61] Dabei orientierte sich der *BGH* zunächst streng am Wortlaut des § 312d Abs. 4 Nr. 5 BGB i. V. m. § 156 BGB. Da § 156 BGB einen Zuschlag erfordert, ein solcher aber bei eBay nicht gegeben ist, kann folglich das Widerrufsrecht auch nicht ausgeschlossen sein.[62]

Auch wenn diese Entscheidung des BGH nicht unumstritten ist, muss derzeit vom Bestehen eines Widerrufsrechts ausgegangen werden.

***

[59] *Wendehorst*-MüKo, § 312d Rn. 45 ff.; Schulze, S. 84 ff.; Ruff, S. 279 f.; Aigner/Hoffmann, Rn. 110; Heiderhoff, MMR 2001, 640; *Hoffmann-Leible/Sosnitza*, Rn. 245. Eine umfangreiche Übersicht findet sich bei Mankowski, JZ 2005, 444 (445 Fn. 1).

[60] Für ein Widerrufsrecht u. a. LG Hof, MMR 2002, 760; AG Kehl, NJW-RR 2003, 1060; LG Memmingen, NJW 2004, 2389; Dagegen: AG Bad Hersfeld, MMR 2004, 500; AG Osterholz-Scharmbeck, ITRB 2003, 239. Eine ausführliche Übersicht ebenfalls bei Mankowski, JZ 2005, 444 (445, Fn. 2).

[61] BGH, NJW 2005, 53.

[62] BGH, NJW 2005, 53 (54).

5.2.4.2. Inhalt des Widerrufsrechts

Der Inhalt des Widerrufsrechts bestimmt sich nach § 355 BGB. Durch die fristgerechte Ausübung des Widerrufsrechts löst der Verbraucher die Bindung an seine auf den Vertragsschluss gerichtete Willenserklärung, § 355 Abs. 1 S. 1 BGB. Die Erklärung muss entweder ausdrücklich in Textform oder durch Rücksendung der Ware getätigt werden und bedarf keiner Begründung.

Die Frist zur Erklärung des Widerrufs beträgt grundsätzlich zwei Wochen, wobei die rechtzeitige Absendung genügt, § 355 Abs. 1 S. 2 BGB. Diese Frist verlängert sich auf einen Monat, wenn die Widerrufsbelehrung in Textform nicht bereits vor Vertragsschluss erteilt wurde, § 355 Abs. 2 S. 2 BGB. Bei Internetversteigerung ergibt sich aus der Natur der Sache, dass eine Belehrung in Textform vor Vertragsschluss nicht möglich ist, da der Vertragspartner erst mit Vertragsschluss feststeht. Daher greift bei Internetversteigerungen immer die eigentlich als Ausnahmeregelung gedachte Monatsfrist des § 355 Abs. 2 S. 2 BGB.[63]

Die Frist beginnt erst, sobald der Verbraucher zum einen die „deutlich gestaltete" Belehrung über das Widerrufsrecht, die insbesondere die Frist, Fristbeginn sowie Namen und Anschrift des Widerrufsempfängers enthält, zum zweiten die unter Ziff. 2 genannten Informationen und zum dritten die gekauften Waren erhalten hat (§§ 355 Abs. 2 S. 1, 312d Abs. 2 BGB). Der Unternehmer trägt für den Fristbeginn die Beweislast (§ 355 Abs. 2 S. 4 BGB).

Sechs Monate nach Vertragsschluss bzw. – wenn dies später ist – nach Lieferung der Ware erlischt das Widerrufsrecht (§ 355 Abs. 3 S. 1, 2 BGB), es sei denn, der Verbraucher wurde nicht ordnungsgemäß über das Widerrufsrecht belehrt. In diesem Fall besteht ein faktisch unbegrenztes Widerrufsrecht (§ 355 Abs. 3

***

[63] KG, NJW 2006, 3215.

S. 3 BGB), welches erst durch eine nachträgliche Belehrung wieder begrenzt werden kann.[64] Wenn der Unternehmer die ordnungsgemäße Belehrung in Textform nachschiebt, beginnt eine neue Widerrufsfrist zu laufen.

5.2.4.3. Voraussetzung des Rückgaberechts

Gem. § 312d Abs. 1 S. 2 i. V. m. § 356 Abs. 1 S. 1 BGB kann der Unternehmer bei Fernabsatzkäufen anstelle des Widerrufsrechts ein Rückgaberecht einräumen. Dafür müssen allerdings gewisse Voraussetzungen erfüllt sein, welche sich aus § 356 Abs. 1 S. 2 BGB ergeben.

Danach muss zum einen im „Verkaufsprospekt", hierzu zählen auch Websites[65] und damit auch die eBay-Angebotsseite, eine deutlich gestaltete Belehrung in Textform über das Rückgaberecht enthalten sein. Daraus folgt aber gleichzeitig, dass ohne eine vorvertragliche Information die Wahl des Rückgaberechts ausgeschlossen ist.

Die Ausübung des Rückgaberechts kann nur durch Rücksendung der Ware erfolgen. Hinsichtlich der Fristen gilt für das Rückgaberecht das bereits unter Pkt. b) beim Widerrufsrecht gesagte.

5.2.4.4. Folgen des Widerrufs bzw. der Rückgabe

Die wichtigste Rechtsfolge sowohl des Widerrufs als auch der Rückgabe besteht darin, dass die gegenseitigen Leistungen rückabgewickelt werden müssen, §§ 357 Abs. 1 S. 1, 346 Abs. 1 BGB. Hinsichtlich der verkauften Ware wird diese Regelung durch § 357 Abs. 2 BGB konkretisiert. Gem. Satz 1 ist der

***

[64] Domke, BB 2005, 228 (230).
[65] *Ulmer*-MüKo, § 356 Rn. 9; *Grüneberg*-Palandt, § 356 Rn. 4.

Verbraucher bei Widerruf verpflichtet, die Ware zurückzusenden, wenn diese als Paket versandt werden kann. Anderenfalls muss er dem Unternehmer die Möglichkeit einräumen, die Ware abzuholen bzw. abholen zu lassen. Der Unternehmer trägt dabei die Kosten und die Gefahr der Rücksendung (Satz 2), kann allerdings in zwei Fällen bei Widerruf (nicht bei Rückgabe) dem Verbraucher die regelmäßigen Kosten der Rücksendung auferlegen (Satz 3).

Zum einen ist dies möglich, wenn der Preis der zurückzusendenden Sache 40 Euro nicht übersteigt. Dabei ist zur Berechnung der 40-Euro-Grenze jede Auktion separat zu betrachten, da es sich – selbst wenn die Artikel zusammen versandt werden – um verschiedene Verträge handelt. Einem Käufer, der beim selben Verkäufer mehrere Auktionen zu einem Preis von jeweils weniger als 40 Euro „gewinnt", können folglich trotzdem die Kosten der Rücksendung auferlegt werden, selbst wenn der Preis aller zurückgesandter Waren 40 Euro übersteigt.[66] Die Versandkosten spielen für die Bemessung der Preisgrenze keine Rolle.

Die zweite Möglichkeit, die Rücksendekosten auf den Käufer abzuwälzen, besteht dann, wenn der Verbraucher die Waren noch nicht teilweise oder vollständig bezahlt hat. Diese Variante spielt bei Internetauktionen nur eine untergeordnete Rolle, da Vorkasse üblich ist.[67]

Die regelmäßigen Kosten der Rücksendung, welche auf den Käufer abgewälzt werden können, sind nur die typischen Kosten vom Wohnort des Verbrauchers zum Sitz des Unternehmers,[68] also im Ergebnis die Kosten des versicherten Versands durch die Post.

Ist eine Abwälzung der Rücksendekosten nicht möglich, darf der Verbraucher trotzdem, ebenfalls im Hinblick auf § 242 BGB, keine Kosten verursachen, die über die regelmäßigen Kosten der

***

[66] *Grüneberg*-Palandt, § 357 Rn. 6.
[67] Borges, DB 2005, 319 (323).
[68] *Kaiser*-Staudinger, § 357 Rn. 56.

Rücksendung hinausgehen. Dies schließt insbesondere auch die unfreie Versendung aus, da hiermit Mehrkosten für den Unternehmer entstehen.[69] Ein Vorschussanspruch, der in der Literatur zum Teil vertreten wird[70], besteht ebenfalls nicht, da der Verbraucher mit der Rücksendung eine ihm gesetzlich obliegende Verpflichtung erfüllt. Im Ergebnis verbleibt dem Verbraucher insoweit lediglich ein Kostenerstattungsanspruch, welchen der Unternehmer auszahlen muss.

Weiterhin kann der Verkäufer dem Verbraucher eine Wertersatzpflicht auch für die bestimmungsgemäße Inanspruchnahme der Ware vertraglich auferlegen, es sei denn die Verschlechterung beruht allein auf der Überprüfung der Sache, § 357 Abs. 3 S. 1, 2 BGB. Dabei muss der Verkäufer spätestens bei Vertragsschluss in Textform zum einen auf diese Wertersatzpflicht und zum anderen auf eine Möglichkeit hinweisen, die Verschlechterung zu vermeiden. Bei Internetauktionen ist dies naturgemäß nicht möglich, da ein Hinweis in Textform vor oder bei Vertragsschluss nicht erbracht werden kann. Der Verkäufer bei Internetauktionen muss folglich auf den Ersatz der Wertminderung verzichten.

5.2.4.5. Wahl des Widerrufs- oder Rückgaberechts bei Internetauktionen

Der Verkäufer sollte sich von vornherein entscheiden, ob er dem Verbraucher ein Widerrufs- oder ein Rückgaberecht einräumt.

Während der Verkäufer bei der Rückgabe sicher sein kann, dass er seine Ware tatsächlich und vor allem zeitnah zurück erhält, muss er dem Käufer in jedem Fall die Kosten der Rücksendung

***

[69] Anders, allerdings ohne Begründung: *Kaiser*-Staudinger, § 357 Rn. 55; *Ulmer*-MüKo, § 357 Rn. 14.
[70] *Ulmer*-MüKo, § 357 Rn. 14 m. w. N.; Hoeren, S. 303. Dagegen: Aigner/Hofmann, Rn. 211; *Grüneberg*-Palandt, § 357 Rn. 5.

erstatten. Grundsätzlich ist daher empfehlenswert, bei Waren, die einen Kaufpreis von 40 Euro voraussichtlich überschreiten oder die nicht per Paket versandt werden können, für ein Rückgaberecht zu optieren. Für alle anderen Artikel sollte das Widerrufsrecht gewählt werden.

Verkäufer, die beide Arten von Waren anbieten, sollten insoweit die Informationen zum Widerrufs- bzw. Rückgaberecht unmittelbar in die Auktionsbeschreibung aufnehmen und keine externe Webseite nutzen. So können die Bedingungen für jede Auktion individuell festgelegt werden.

Möchte der Verkäufer statt dem Widerrufsrecht dem Käufer ein Rückgaberecht einräumen, so kann er die folgende Klausel nutzen:

Anstelle des Widerrufsrechts wird dem Käufer ein Rückgaberecht gem. § 356 BGB gewährt. Die Käufer kann den Artikel ohne Angabe von Gründen innerhalb von zwei Wochen nach Erhalt an die folgende Adresse zurücksenden (rechtzeitige Absendung genügt)

Durch diese Gestaltung wird das Widerrufsrecht vollständig ausgeschlossen.

Entscheidet sich der Verkäufer, dem Käufer ein Widerrufsrecht zu gewähren, sollte er jedenfalls den folgenden Passus in seine Vertragsbedingungen aufnehmen:

Für den Fall des Widerrufs trägt der Käufer die Kosten der Rücksendung, es sei denn, der Endpreis des Artikels übersteigt 40 Euro. Die Rücksendung hat in derselben Art und Weise zu erfolgen wie der ursprüngliche Versand an den Käufer.

Hiermit wird lediglich die gesetzlich vorgesehene Möglichkeit genutzt, bei geringwertigen Artikeln die regelmäßigen Kosten der Rücksendung dem Käufer aufzuerlegen. Besonderheiten gibt es daher nicht.

5.3. Preisangaben

Internetauktionen fallen nach § 9 Abs. 1 Nr. 5 PAngV grundsätzlich nicht unter die Preisangabenverordnung. Auf Internetauktionen sind daher die Vorschriften der Preisangabenverordnung nicht anwendbar.[71] Denn die Pflicht zur Angabe eines Endpreises ist bei Internetauktionen ebenso wenig wie bei herkömmlichen Versteigerungen möglich, da sich dieser erst im Laufe des Versteigerungsverfahrens bildet.[72]

5.4. Weitere Regelungsgegenstände

Eine Reihe weiterer Regelungen sind beim Verkauf von Waren von einem Unternehmer an einen Verbraucher (Verbrauchsgüterkauf, § 474 ff. BGB) und damit folglich auch bei Internetauktionen – welche grundsätzlich nicht unter die Ausnahmeregelung des § 474 Abs. 1 S. 2 BGB fallen[73] – zu beachten.

5.4.1. Versandrisiko

Grundsätzlich geht das Risiko des zufälligen Untergangs beim Warenversand mit der Übergabe an die Post oder einen anderen Versender auf den Käufer über, § 447 Abs. 1 BGB. Nach § 474 Abs. 2 BGB findet § 447 BGB auf Verbrauchsgüterkaufverträge keine Anwendung. Daher trägt aufgrund der Generalnorm des

***

[71] Vgl. *Ernst*-Spindler/Wiebe, Kap. 3 Rn. 29 f.; *Steinbeck*-Leible/Sosnitza, Rn. 540; Bullinger, WRP 2000, 253 (256); Hollerbach, DB 2000, 2001 (2005). Vehslage, MMR 1999, 680 (681) verneint zwar eine unmittelbare Anwendung der Ausnahmevorschrift, geht aber von einer analogen Anwendbarkeit aus.
[72] LG Hamburg, DB 1999, 1951 (1953).
[73] Reinicke/Tiedtke, Rn. 727.

§ 446 BGB der Unternehmer solange das Risiko des zufälligen Untergangs, bis die Ware an den Verbraucher übergeben wurde oder sich dieser in Annahmeverzug befindet.

Vielfach wird versucht, durch das optionale Anbieten von versicherter und nicht versicherter Versandart eine Risikoverschiebung zu erreichen, indem die Haftung für den zufälligen Untergang bzw. die zufällige Beschädigung beim Transport bei Wahl des unversicherten Versandes ausgeschlossen wird. Hierfür enthält die Auktionsbeschreibung eine Klausel, dass der Käufer das Versandrisiko trägt, wenn er nicht den – teureren – versicherten Versand wählt. Eine solche Klausel wird meist dann gewählt, wenn der Warenwert niedrig ist, da Kunden in der Regel nicht bereit sind, bei niedrigem Warenwert hohe Versandkosten zu tragen. Durch diese Gestaltung hätte der Verbraucher die Wahl, ob er niedrige Portokosten und das Risiko des Untergangs in Kauf nimmt oder durch höhere Versandkosten das Untergangsrisiko versichern lässt.

Ob eine solche Abwälzung des Versandrisikos auf den Verbraucher zulässig ist, wird kontrovers diskutiert.[74]

Der *BGH* verneint dies lediglich in einem obiter dictum, da die Frage für den betreffenden Rechtsstreit keine Relevanz hat.[75] Das Verbot des § 475 Abs. 1 BGB, welcher eine zum Nachteil des Verbrauchers abweichende Vereinbarung nicht zulässt, beziehe sich erkennbar ausschließlich auf die Mängelgewährleistung.[76] Er steht daher einer Abwälzung des Versandrisikos auf den Verbraucher nicht im Weg.

***

[74] Dagegen: BGH, NJW 2003, 3341; *Matusche-Beckmann*-Staudinger, § 475 Rn. 9; *Haas*-Haas/Medicus/Rolland/ Schäfer/Wendtland, Kap. 5 Rn. 452. Grundsätzlich dafür: *Putzo*-Palandt, § 474 Rn. 7; *Lorenz*-MüKo, § 475 Rn. 5.
[75] BGH, NJW 2003, 3341.
[76] *Putzo*-Palandt, § 474 Rn. 7; *Lorenz*-MüKo, § 475 Rn. 5; Lorenz, JuS 2004, 105 (106).

Fraglich ist alleine, ob eine Abwälzung im Rahmen von AGB möglich ist, weil es sich um eine Klausel im Sinne von § 307 Abs. 1 S. 1 BGB handelt, die den Vertragspartner unangemessen benachteiligen. Eine solche unangemessene Benachteiligung ist „im Zweifel" dann anzunehmen, wenn von einem wesentlichen Grundgedanken der gesetzlichen Regelung abgewichen wird, § 307 Abs. 2 Nr. 1 BGB. Eine solche Abweichung ist hier unzweifelhaft gegeben.

Allerdings ist zweifelhaft, ob die Klausel tatsächlich den Verbraucher unangemessen benachteiligt.

Dies ist beispielsweise dann nicht der Fall, wenn dem Verbraucher im Rahmen einer „Tarifwahl" die Möglichkeit geboten wird, den Haftungsausschluss durch Zahlung eines Aufschlages zu umgehen.[77] Ähnliches muss auch für die Gefahrtragung beim Versendungskauf gelten. Dabei muss der Aufschlag dafür eingesetzt werden, einen Versicherungsschutz zu gewährleisten. Weiterhin darf die entsprechende Option nicht lediglich zum Schein angeboten werden und sie darf nicht übermäßig überteuert sein.[78] In diesem Fall kann von einer unangemessenen Benachteiligung des Verbrauchers keine Rede mehr sein.

Im Ergebnis bleibt festzuhalten, dass es dem Unternehmer bei entsprechender Gestaltung der Vertragsbedingungen trotz § 474 Abs. 2 BGB durchaus möglich ist, die Haftung für das Versandrisiko auf den Verbraucher abzuwälzen. Allerdings muss er sich dabei stets an den strengen Richtlinien hinsichtlich der Tarifwahl orientieren und insbesondere die mit der Wahl für den Käufer verbundenen Rechtsfolgen eindeutig darstellen.

Die Versandkosten betragen 5,00 Euro für den unversicherten Versand, 8,00 Euro für den versicherten Versand. Der Verkäufer übernimmt keine Haftung für den Untergang oder die zufällige Verschlechterung der Ware auf dem Transportweg, wenn der Käufer nicht den versicherten Versand wählt.

***

[77] *Basedow*-MüKo, § 307 Rn. 43.
[78] *Basedow*-MüKo, § 307 Rn. 43.

5.4.2. Mängelhaftung

Weniger gestaltbar sind Regelungen in Bezug auf die Mängelhaftung. Gem. § 475 Abs. 1 BGB kann sich der Unternehmer auf keine Vereinbarung berufen, welche vor Mitteilung eines Mangels getroffen wurde und zum Nachteil des Verbrauchers von den gesetzlichen Regelungen zum Kaufvertrag und zur Mängelhaftung abweicht. Lediglich der Anspruch auf Schadenersatz kann im Rahmen der AGB-rechtlichen Grenzen vertraglich ausgeschlossen oder beschränkt werden, § 475 Abs. 3 BGB.

Weiterhin ist die in § 476 BGB geregelte Beweislastumkehr von Bedeutung, wonach innerhalb der ersten sechs Monate nach Lieferung grundsätzlich davon ausgegangen wird, dass ein Mangel bereits bei Lieferung bestand. Diese Vermutung ist zwar widerlegbar, allerdings wird es in der Regel kaum möglich sein, einen entsprechenden Beweis zu führen. Ausnahme hiervon sind lediglich offensichtliche Fehlbehandlungsmängel, z. B. Fallschäden.

Im Gegenzug hat der Unternehmer aus § 478 BGB einen Rückgriffsanspruch gegenüber seinem Lieferanten, wenn der Verbraucher Mängel an der Ware geltend macht. Durch diesen entfällt zum einen die Pflicht, eine Mängelbeseitigungsfrist zu setzen (§ 478 Abs. 1 BGB), zum anderen kann der Unternehmer von seinem Lieferanten die Aufwendungen ersetzt verlangen, die er selbst dem Verbraucher im Zuge der Nacherfüllung zu ersetzen hatte (§ 478 Abs. 2 BGB). Hinsichtlich Beweislastumkehr und Abdingbarkeit wird der Unternehmer im Verhältnis zu seinem Lieferanten einem Verbraucher gleichgestellt, § 478 Abs. 3, 4 BGB. Diese Regeln gelten für die gesamte Lieferantenkette (§ 478 Abs. 5 BGB).

Die Verjährung der Mängelgewährleistungsansprüche kann nach § 475 Abs. 2 BGB vertraglich nicht zu Lasten des Verbrauchers auf unter zwei Jahre bei Neuwaren bzw. einem Jahr bei gebrauchten Artikeln verkürzt werden.[79]

5.4.3. Beschaffenheitsbeschreibung

Eine wichtige Möglichkeit, trotz § 475 Abs. 1 BGB Einfluss auf die Sachmängelhaftung zu nehmen, besteht darin, die Beschaffenheit eines Artikels zu vereinbaren. Denn von dieser vereinbarten Beschaffenheit hängt es gem. § 434 Abs. 1 S. 1 BGB ab, ob überhaupt ein Sachmangel vorliegt. Neben konkreten, detaillierten Beschreibungen sind auch allgemein gehaltene Klauseln möglich.[80]

Dies betrifft etwa auf Beschreibungen wie „Bastlerfahrzeug", „zum Ausschlachten"[81], „nicht funktionsfähig" oder „zum Basteln"[82] zu. Diese Klauseln – vorausgesetzt sie entsprechen dem tatsächlichen Zustand des Artikels[83] – führen dazu, dass der Käufer keine funktionierende Ware erwarten kann. Folglich misst sich die Mangelfreiheit an dieser Beschreibung, die Vertragsinhalt geworden ist.

5.4.4. Freiwillige Garantieregelungen

Auch bei Internetauktionen kann der Verkäufer gem. § 443 BGB Garantien geben, um so beispielsweise ein größeres Bieterinteresse zu generieren. Allerdings werden für Verbrauchsgüterkäufe besondere Anforderungen an Form und Gestaltung gestellt, welche sich aus § 477 BGB ergeben. Eine Nichtbeachtung führt

***

[79] Reinicke/Tiedtke, Fn. 735.
[80] *Lorenz*-MüKo, § 475 Rn. 8.
[81] Jeweils Reinicke/Tiedtke, Rn. 749.
[82] Jeweils *Lorenz*-MüKo, § 475 Rn. 8.
[83] *Lorenz*-MüKo, § 475 Rn. 8.

allerdings nicht zu einer Unwirksamkeit der Garantie, § 477 Abs. 3 BGB.[84] Neben der allgemeinen Vorgabe, gehen Unklarheiten in der Garantieerklärung grundsätzlich zu Lasten des Unternehmers, da er für diese verantwortlich zeichnet.[85]

Der Verbraucher muss zunächst auf seine gesetzlichen Rechte hingewiesen werden und insbesondere darauf, dass diese durch die Garantie nicht eingeschränkt werden. Dabei genügt ein allgemeiner Hinweis auf bestehende gesetzliche Rechte, ohne dass insbesondere deren Inhalt konkretisiert werden müsste.[86]

Schließlich muss die Garantieerklärung den Inhalt der Garantie sowie alle sonstigen erforderlichen Angaben enthalten. § 477 Abs. 1 S. 2 Nr. 2 BGB zählt insoweit nicht abschließend diese erforderlichen Angaben auf: Dauer, räumlicher Geltungsbereich, Anschrift des Garantiegebers. Auch hier gilt das in S. 1 normierte Transparenzgebot. Dies bedeutet insbesondere, dass der Unternehmer die Angaben möglichst kurz halten muss und sie nicht in umfangreichen Vertragstexten untergehen lassen darf.

Auf Verlangen des Verbrauchers muss der Unternehmer diesem die Garantieerklärung in Textform übersenden. Selbstverständlich besteht diese Pflicht erst nach Ablauf der Auktion und nur gegenüber dem Höchstbieter.

Wie bereits ausgeführt, sind die vorgenannten Anforderungen keine Voraussetzung für die Wirksamkeit der Garantie, § 477 Abs. 3 BGB. Eine Nichterfüllung kann allerdings zu Schadenersatzansprüchen des Verbrauchers, insbesondere Kosten der Rechtsberatung, führen.[87]

***

[84] *Putzo*-Palandt, § 477 Rn. 5.
[85] *Lorenz*-MüKo, § 477 Rn. 11.
[86] *Lorenz*-MüKo, § 477 Rn. 6; Reinicke/Tiedtke, Rn. 742. Weitergehend *Putzo*-Palandt, § 477 Rn. 8, der im Hinweis einen Bezug auf die konkreten Vorschriften fordert.
[87] *Lorenz*-MüKo, § 477 Rn. 13 f.

5.5. Unlauterer Wettbewerb

Insbesondere aus dem UWG, aber auch aus weiteren Spezialgesetzen, ergeben sich eine Reihe weiterer wettbewerbsrechtlicher Probleme. Die für Internetauktionen relevanten Punkte werden hier kurz angesprochen. Die möglichen Sanktionen werden später in diesem Kapitel dargestellt.

5.5.1. Irreführende Werbung

Irreführend wirbt, wer falsche Angaben zu wesentlichen Merkmalen der Ware macht oder entscheidungswesentliche Tatsachen verschweigt, § 5 Abs. 2 UWG. Hierzu zählen die Merkmale der Ware selbst (§ 5 Abs. 2 S. 1 Nr. 1 UWG), der Preis und die Lieferbedingungen (Nr. 2) sowie Informationen über den Verkäufer (Nr. 3).

5.5.1.1. „Ab 1 Euro"

Besondere Relevanz erlangt bei Internetauktionen die Preiswerbung. So kommt es nicht selten vor, dass Artikel mit dem Zusatz „ab 1 Euro" beworben werden. Diese Werbung ist nach verbreiteter Ansicht wettbewerbswidrig, wenn nicht tatsächlich zumindest einige Stücke zu diesem Preis erhältlich sind.[88] Dies ist jedenfalls dann richtig, wenn sich aus der Werbung nicht ergibt, dass es sich um einen Mindestpreis bei einer Versteigerung handelt. Ergibt sich dies für einen durchschnittlichen Verbraucher allerdings eindeutig, kann selbst dann von einer Wettbewerbswidrigkeit nicht mehr ausgegangen werden, wenn der Artikel zu diesem Startgebot praktisch nicht gekauft werden

***

[88] *Ernst*-Spindler/Wiebe, Kap. 3 Rn. 25.

kann.[89] Denn jeder durchschnittliche Verbraucher kann mit dem Begriff Mindestpreis nur einen Preis verbinden, der sich möglicherweise noch erhöhen wird.

5.5.1.2. Irreführende Verkäuferangaben

Weitere Möglichkeiten irreführender Werbung ergeben sich aus falschen Angaben über den Verkäufer. Neben der falschen Bezeichnung als privater Verkäufer kommt insbesondere die unberechtigte Nutzung verschiedener – im Internet üblicher – Gütesiegel in Betracht. Beispielhaft sei an dieser Stelle die Bezeichnung als „Powerseller" bei eBay genannt. Dieser Titel, der von eBay für besonders aktive und zuverlässige Verkäufer vergeben wird, soll bei den Käufern ein besonderes Vertrauen schaffen. Wirbt nun ein Verkäufer in seiner Auktionsbeschreibung unberechtigt mit dieser oder einer ähnlichen Bezeichnung, so handelt er unlauter gem. § 5 Abs. 2 S. 1 Nr. 3 UWG.

5.5.2. Vergleichende Werbung

Auch vergleichende Werbung kann unlauter sein. So sind Preisvergleiche zwar grundsätzlich zulässig, allerdings nur, wenn sie sich jeweils auf den Endpreis beziehen.[90] Dies ist beispielsweise dann nicht der Fall, wenn der Verkäufer seinen Mindestpreis der unverbindlichen Preisempfehlung des Herstellers oder dem Preis für diesen Artikel in einem Online-Shop gegenüberstellt („statt für 499 Euro jetzt ab Startpreis von 1 Euro"). In diesem Fall wäre es kein objektiver Preisvergleich mehr, da ein Endmit einem Mindestpreis verglichen wird.

***

[89] Schulze, S. 133 f.; Goldmann, S. 227; A. A. *Ernst*-Spindler/Wiebe, Kap. 3 Rn. 26.
[90] *Köhler*-Baumbach/Hefermehl, § 6 UWG Rn. 52.

Auch müssen naturgemäß die Produkte vergleichbar sein. So darf nicht ein Preisvergleich mit einem minderwertigen Erzeugnis herangezogen werden.

5.5.3. Angebot von Nachahmungen

Ein sehr weit verbreitetes Problem bei Internetauktionen ist das Anbieten von Nachahmungen. Auch dieses stellt eine unlautere Handlung gem. § 4 Nr. 9 UWG dar. Die wichtigste Fallgruppe ist dabei die der gefälschten Markenartikel (§ 4 Nr. 9 lit. a) UWG). Dabei ist die Regelung den spezialgesetzlichen Vorschriften, beispielsweise aus MarkenG oder PatG, untergeordnet.[91]

5.6. Informations- und Nebenpflichten

5.6.1. Informationspflichten nach dem TDG

Gem. § 6 TDG müssen Anbieter geschäftsmäßiger Teledienste eine Reihe von Informationen vorhalten. Unzweifelhaft betrifft dies den Betreiber von Internetauktionsplattformen.[92] Aber auch die Nutzer fremder Speicherkapazitäten können Diensteanbieter sein, wenn sie zumindest zeitweise darüber bestimmen können, beispielsweise durch die Löschung oder Erstellung von Inhalten.[93] Dies ist bei Internetauktionen der Fall. Der Verkäufer nutzt die Kapazitäten des Plattformbetreibers, um Waren oder Dienstleistungen anzubieten. Dies ist gem. § 2 Abs. 2 Nr. 5 TDG

***
[91] *Köhler*-Baumbach/Hefermehl, § 4 UWG Rn. 9.6.
[92] Schulze, S. 96.
[93] *Spindler*-Spindler/Schmitz/Geis, § 3 TDG Rn. 7.

ein Teledienst, so dass der Verkäufer folglich als Diensteanbieter zu qualifizieren ist.[94]

Die Informationspflichten selbst beinhalten insbesondere Name und Anschrift, E-Mail-Adresse[95] sowie – wenn vorhanden – Register- und Umsatzsteueridentifikationsnummern. Diese Informationen müssen leicht erkennbar, unmittelbar erreichbar und ständig verfügbar sein. Ein Hyperlink bzw. die Angabe auf der „Mich"-Seite (mit entsprechendem Hinweis in der Artikelbeschreibung) sind insoweit ausreichend.[96]

Eine schuldhafte falsche, unvollständige oder fehlende Information kann gem. § 12 Abs. 1 TDG als Ordnungswidrigkeit mit einer Geldbuße verfolgt werden.[97] Weitere Sanktionen könnten sich aus dem UKlaG ergeben. Gem. § 2 Abs. 2 Nr. 2 UKlaG handelt es sich bei den Vorschriften des § 6 TDG um Verbraucherschutzgesetze.

Schließlich verbleibt noch eine mögliche Sanktionsmöglichkeit nach dem UWG. Dieses ist allerdings nur auf unternehmerische Verkäufer anwendbar. Voraussetzung ist, dass es sich um einen Wettbewerbsverstoß handelt, welcher sich speziell aus § 3 i. V. m. § 4 Nr. 11 UWG, dem Verstoß gegen eine gesetzliche Vorschrift, ergeben könnte. Im Gegensatz zur früheren Rechtsprechung kommt es nach der Novellierung des UWG nicht mehr darauf an, ob der Verkäufer planmäßig handelte oder tatsächlich einen Wettbewerbsvorsprung erlangte.[98] Bereits der objektive Verstoß gegen eine Marktverhaltensvorschrift führt nunmehr zu einer unlauteren Wettbewerbshandlung. Um eine solche handelt

***

[94] So auch *Schmitz*-Spindler/Wiebe, Kap. 13 Rn. 62; Goldmann, S. 122. A. A. Schulze, S. 96.
[95] Die Pflicht zur Angabe einer Telefonnummer besteht allerdings nicht, OLG Hamm, NJW-RR 2004, 1045.
[96] *Spindler*-Spindler/Schmitz/Geis, § 6 TDG Rn. 18.
[97] *Spindler*-Spindler/Schmitz/Geis, § 6 TDG Rn. 39.
[98] *Köhler*-Baumbach/Hefermehl, § 4 UWG Rn. 11.56; A. A. *Spindler*-Spindler/Schmitz/Geis, § 6 TDG Rn. 41 f., der sich allerdings im Wesentlichen auf die Rechtsprechung zu § 1 UWG a. F. bezieht.

es sich bei § 6 TDG zweifellos,[99] so dass die Sanktionen des UWG greifen.[100]

5.6.2. Pflichten gem. § 312e BGB

Für unternehmerische Verkäufer bei Internetauktionen ist der Anwendungsbereich des § 312e BGB zweifellos erfüllt, da es sich bei diesen – wie soeben ausgeführt – um Teledienste handelt und sich der Unternehmer dieser zum Vertragsschluss bedient.[101] Daraus ergeben sich für diesen bestimmte Pflichten, welche sich aufgrund ihres Inhalts in technisch-organisatorische sowie Informationspflichten unterscheiden lassen.

5.6.2.1. Technisch-organisatorische Pflichten

Die technisch-organisatorischen Pflichten ergeben sich aus § 312e Abs. 1 S. 1 Nr. 1, 2 und 4 BGB. Danach muss der Unternehmer dem Kunden die Möglichkeit verschaffen, Eingabefehler zu sehen und zu korrigieren, die Vertragsbestimmungen bei Vertragsschluss abzurufen und zu speichern sowie den Zugang der Bestellung unverzüglich auf elektronischem Weg bestätigen. Hier ergibt sich das Problem, dass der Verpflichtete der Vorschrift, der Verkäufer, i. d. R. keinen Einfluss auf die technischen Gegebenheiten der Auktionsplattform hat, und somit eine Erfüllung der Pflichten unmittelbar durch diesen nicht möglich ist.

Bei eBay sind die technisch-organisatorischen Möglichkeiten zur Pflichterfüllung gegeben. Dem Bieter wird nach Eingabe des

***

[99] *Köhler*-Baumbach/Hefermehl, § 4 UWG Rn. 11.169.
[100] Vgl. Kap. 4.7.
[101] *Wiebe*-Spindler/Wiebe, Kap. 4 Rn. 104; Schulze, S. 79 f.; Goldmann, S. 111.

Gebotsbetrages dieser noch einmal angezeigt und erst nach erneuter Bestätigung wird das Gebot schließlich ausgeführt. Eine Korrektur ist problemlos möglich. Gleichzeitig kann der Nutzer prüfen, ob er mit der richtigen Nutzerkennung eingeloggt ist. Schließlich muss er ggf. das Gebot mit seinem Passwort bestätigen.

Nach Abgabe eines Gebotes wird unmittelbar auf der Website angezeigt, ob ein neues Höchstgebot erreicht wurde. Bereits hierin ist die unverzügliche elektronische Bestellbestätigung zu sehen.[102] Insbesondere wird eine Übermittlung auf einem dauerhaften Datenträger bzw. in Textform nicht gefordert. Zusätzlich erfolgt trotzdem bei Erreichen eines neuen Höchstgebots eine Bestätigung per Email, ebenso wird nach Beendigung der Auktion der Höchstbieter automatisch informiert.

Das Abrufen und Speichern der Vertragsbestimmungen einschließlich AGB ist jederzeit problemlos möglich. Sämtliche Vertragsbestimmungen können mit einem Webbrowser aufgerufen werden, welcher seinerseits die Möglichkeit enthält, diese zu speichern.[103] Dabei wird die Auktionsseite bei eBay im Bereich „Mein eBay" für einen Zeitraum von 90 Tagen vorgehalten. In dieser Zeit kann der Käufer die Webseite speichern, insbesondere kann der Verkäufer hier auch keine nachträglichen Änderungen mehr einfügen. Lediglich bei der wenig wahrscheinlichen Variante zusätzlicher Vereinbarungen, die beispielsweise auf telefonischem Weg oder über Instant-Messaging-Programme in den Vertrag einbezogen wurden, ist es notwendig, diese nochmals zum Abruf und zur Speicherung zur Verfügung zu. Die zum Teil geforderte geschlossene Zusammenstellung der individuellen Vereinbarungen gemeinsam mit den AGB überspannt meines Erachtens die Anforderungen.[104] Jedenfalls die AGB können auch getrennt gespeichert werden, da sich sonst die Initiativpflicht hinsichtlich der Informationen auf den Verkäufer ver-

***

[102] Schulze, S. 82.
[103] *Wendehorst*-MüKo, § 312e Rn. 107.
[104] So aber *Wendehorst*-MüKo, § 312e Rn. 106.

schieben würde. § 312e Abs. 1 S. 1 Nr. 4 BGB sieht diese allerdings beim Kunden. Bei Teilung der Gegenansicht wäre der Verkäufer faktisch gezwungen, für jede einzelne Auktion dem Kunden nicht nur sämtliche Vertragsvereinbarungen, sondern gleichzeitig auch die gesamten AGB in einem Dokument zu übermitteln, da eine andere Zurverfügungstellung aus technischen Gründen ausscheidet.

5.6.2.2. Informationspflichten

Ein weiterer Pflichtenbereich ergibt sich aus § 312e Abs. 1 S. 1 Nr. 2 BGB i. V. m. § 3 BGB-InfoV. Neben der Art und Weise der Erfüllung der vorgenannten Pflichten muss er über die einzelnen technischen Schritte, die zum Vertragsschluss führen, die zur Verfügung stehenden Sprachen sowie über einschlägige Verhaltenskodizes für den Verkäufer informieren.

Auch hier kann sich der Verkäufer jedenfalls teilweise der Informationen der Plattformbetreiber bedienen.[105] So bietet eBay auf einer Vielzahl von Hilfeseiten sehr ausführliche Anleitungen für sämtliche technischen Schritte an. Da es nur darauf ankommt, dass der Kunde weiß, auf welche Weise der Vertragsschluss zustande kommt bzw. wie die sonstigen Pflichten erfüllt werden, genügen diese Informationen.[106]

§ 3 Nr. 4 und 5 BGB-InfoV enthalten Informationspflichten, welche unternehmensspezifisch sind, und daher nur vom Unternehmer selbst erfüllt werden können, wobei sich die zum Vertragsschluss zur Verfügung stehenden Sprachen (Nr. 4) faktisch aus der Artikelbeschreibung ergeben und die Verhaltenskodizes (Nr. 5) bei Internetauktionen keine Bedeutung haben.

***

---

[105] Schulze, S. 83.
[106] Schulze, S. 83.

5.6.2.3. Rechtsfolgen

§ 312e Abs. 3 S. 2 BGB bestimmt, dass ein ggf. bestehendes Widerrufsrecht nach § 355 BGB nicht vor Erfüllung sowohl der technisch-organisatorischen als auch der Informationspflichten beginnt. Da insbesondere die technisch-organisatorischen Pflichten nicht sinnvoll nachgeholt werden können,[107] beginnt die Widerrufsfrist nicht zu laufen. Allerdings ergibt sich daraus nicht ein unbefristetes Widerrufsrecht, da es gem. § 355 Abs. 3 S. 1 BGB sechs Monate nach Vertragsschluss erlischt.

Auch bei Verstößen gegen § 312e BGB kommen Sanktionen nach dem UKlaG in Frage, da es sich gem. § 2 Abs. 2 Nr. 2 UKlaG ausdrücklich um Verbraucherschutzgesetze handelt. Ebenso bestehen die Ansprüche aus dem UWG.

5.7. Sanktionen nach dem UWG

5.7.1. Anspruchsinhaber

In § 8 Abs. 3 UWG ist geregelt, wer Ansprüche aus dem UWG geltend machen kann.

Der Begriff des Mitbewerbers ist in § 2 Abs. 1 Nr. 3 UWG definiert. Danach ist es erforderlich, dass dieser in einem konkreten Wettbewerbsverhältnis als Nachfrager oder Anbieter zu dem Handelnden steht. Dies schließt nicht nur private Nachfrager aus, sondern ebenso Unternehmer, welche sich auf völlig unterschiedlichen Märkten bewegen. Weiterhin muss der Mitbewerber selbst betroffen sein.[108]

***

[107] *Wendehorst*-MüKo, § 312e Rn. 115.
[108] *Köhler*-Baumbach/Hefermehl, § 8 UWG Rn. 3.6, 3.28.

Gem. § 8 Abs. 3 Nr. 2 UWG sind weiterhin „rechtsfähige Verbände zur Förderung gewerblicher oder selbständiger beruflicher Interessen" anspruchsberechtigt. Notwendig ist, dass die Verbände „eine erhebliche Zahl" von Mitgliedern haben, die auf demselben Markt tätig sind. Hierzu gehören u. a. die Handwerksinnung, die Kammern der freien Berufe sowie Industrieverbände.[109] Schließlich muss die Zuwiderhandlung die Interessen der Mitglieder berühren.

Bestimmte „qualifizierte Einrichtungen", welche in einer Liste beim Bundesverwaltungsamt geführt werden (§ 4 UKlaG), können gem. § 3 Abs. 3 Nr. 3 UWG ebenfalls die Ansprüche geltend machen.[110] Diese Einrichtungen müssen als Satzungszweck (auch) den Verbraucherschutz verfolgen.

5.7.2. Beseitigungs- und Unterlassungsanspruch

Der praktisch bedeutsamste Anspruch aus dem UWG ist der Beseitigungs- und Unterlassungsanspruch gem. § 8 Abs. 1 S. 1 UWG. Dabei richtet sich der Beseitigungsanspruch auf bereits begangene, der Unterlassungsanspruch dagegen auf zukünftig drohende Wettbewerbsverstöße.[111]

Im Rahmen des Beseitigungsanspruches wird der Unternehmer verpflichtet, seine wettbewerbswidrige Handlung zu beseitigen. Dies kann entweder durch Entfernen oder Hinzufügen von Informationen geschehen. Gerade das Entfernen von Informationen ist bei Internetauktionen jedoch nur teilweise möglich, da nach einem Gebot der Auktionstext nicht mehr verändert werden und ein Löschen der Auktion nur durch den Plattformbetreiber erfolgen kann.

***

[109] *Köhler*-Baumbach/Hefermehl, § 8 UWG Rn. 3.32 f.
[110] Die Liste ist u. a. abgedruckt in Baumbach/Hefermehl, § 8 UWG Rn. 3.53 (Stand: 03.06.2004).
[111] *Köhler*-Baumbach/Hefermehl, § 8 UWG Rn. 1.7.

Der Unterlassungsanspruch soll verhindern, dass der Unternehmer zukünftig eine wettbewerbswidrige Handlung begeht bzw. eine solche wiederholt. Für die erste Variante muss der Anspruchsinhaber darlegen, dass eine solche Handlung unmittelbar droht, während anderenfalls der frühere Wettbewerbsverstoß bereits die Wiederholungsgefahr impliziert.[112] Die Unterlassungserklärung bzw. ein entsprechendes Urteil verpflichtet den Unternehmer, zukünftig eine genau definierte unlautere Handlung zu unterlassen. Zuwiderhandlungen werden i. d. R. mit einer festgelegten Strafe pro Zuwiderhandlung geahndet.

5.7.3. Schadenersatzanspruch

Gem. § 9 S. 1 UWG steht Mitbewerbern darüber hinaus ein Schadenersatzanspruch gegen den Unternehmer zu, wenn dieser schuldhaft handelt. Jedenfalls bei Verstößen gegen das Wettbewerbsrecht ist grundsätzlich von Fahrlässigkeit auszugehen, da sich ein Unternehmer über die gesetzlichen Vorschriften informieren muss. Eine Ausnahme kann lediglich dann gegeben sein, wenn der Unternehmer mit einer anderen Beurteilung der Gerichte nicht zu rechnen brauchte. Dies ist beispielsweise dann der Fall, wenn er sich auf einen falschen Rechtsrat oder die falsche Auskunft einer Behörde verlassen durfte. Hierzu zählt auch die Beachtung höchstrichterlicher Rechtsprechung, selbst wenn diese mittlerweile umstritten ist.[113]

Allerdings wird sich die Höhe des Schadens – mit Ausnahme der Rechtsverfolgungskosten – in den meisten Fällen nur schwer berechnen oder gar nachweisen lassen. Insoweit hat nur die Auferlegung der eigenen Rechtsverfolgungskosten[114] eine wesentliche praktische Bedeutung.

***

[112] *Köhler*-Baumbach/Hefermehl, § 8 UWG Rn. 1.11.
[113] *Köhler*-Baumbach/Hefermehl, § 9 UWG Rn. 1.19.
[114] *Köhler*-Baumbach/Hefermehl, § 9 UWG Rn. 1.29.

5.7.4. Gewinnabschöpfung

Mit Ausnahme der Mitbewerber können die Anspruchsinhaber bei vorsätzlichen wettbewerbswidrigen Handlungen weiterhin eine Abschöpfung des Gewinnes verlangen, welchen der Unternehmer aufgrund der Handlung bei einer Vielzahl von Abnehmern erlangt hat, § 10 UWG. Der Gewinn fließt sodann dem Bundeshaushalt zu. Im Ergebnis hat die Gewinnabschöpfung aufgrund der schwierigen Beweislage und der Ausgleichspflicht an den Bundeshaushalt nur eine geringe praktische Bedeutung.

5.7.5. Verjährung

Beseitigungs- und Unterlassungs- sowie Schadenersatzansprüche verjähren nach sechs Monaten, § 11 Abs. 1 UWG. Der Fristbeginn ist dabei an zwei Bedingungen geknüpft: Zum einen muss der Anspruch entstanden sein, der Wettbewerbsverstoß also begangen worden sein oder unmittelbar drohen. Ggf. muss ebenso der Schaden eingetreten sein.[115] Zum anderen muss der Gläubiger sowohl von den Umständen als auch den Personen Kenntnis erlangt haben. Das grob fahrlässige Nichtkennen ist dabei der Kenntnis gleichgestellt.[116] Um andererseits die Verjährungsfrist nicht auf unbestimmte Zeit auszudehnen, werden in § 11 Abs. 3 und 4 UWG Obergrenzen aufgestellt. Danach verjähren Schadensersatzansprüche bei Nichtkenntnis spätestens zehn Jahre nach Entstehung des Schadens oder, mangels eines vorherigen Schadens, 30 Jahre nach der auslösenden wettbewerbswidrigen Handlung. Sonstige Ansprüche verjähren danach, unabhängig von der Kenntnis, drei Jahre nach der auslösenden Handlung. Neben den Beseitigungs- und Unterlassungsansprü-

***
[115] *Köhler*-Baumbach/Hefermehl, § 11 UWG Rn. 1.19.
[116] *Köhler*-Baumbach/Hefermehl, § 11 UWG Rn. 1.28.

chen schließt dies insbesondere auch die Gewinnabschöpfungs-
ansprüche ein.[117]

***

[117] *Köhler*-Baumbach/Hefermehl, § 11 UWG Rn. 1.18.

6. Grenzüberschreitende Transaktionen

Bei bestimmten Waren, z. B. Sammlerartikel oder Antiquitäten, kann der Verkäufer einen größeren Interessentenkreis erreichen, wenn er diese nicht auf der heimischen, sondern einer ausländischen Versteigerungsplattform anbietet. So gibt es innerhalb des eBay-Verbundes eine Vielzahl von nationalen Plattformen, welche alle mit dem gleichen Benutzernamen genutzt werden können.

Aus dem Anbieten und Verkaufen auf ausländischen Plattformen ergeben sich für den Verkäufer verschiedene Rechtsfragen, welche im Folgenden anhand des eBay-Verbundes erörtert werden. Dies beginnt bei den unterschiedlichen AGB der nationalen Plattformen und reicht über die Problematik des anwendbaren Rechts bis hin zur Festlegung des Gerichtstandes. Insbesondere die Fragen zum anwendbaren Recht sind auch für die Fälle wichtig, wo ausländische Käufer Vertragspartner werden.

6.1. Unterschiede zwischen AGBs der nationalen Plattformen

Obwohl die verschiedenen nationalen Versteigerungsplattformen alle zum eBay-Verbund gehören, haben sie doch zum Teil erheblich voneinander abweichende AGB. Dies lässt sich aufgrund der unterschiedlichen nationalen Gesetzgebung und Rechtsprechung auch gar nicht vermeiden.

6.1.1. Beispiele unterschiedlicher Klauseln

Der erste auffällige Unterschied zwischen den Plattformen sind die unterschiedlichen Gebühren für das Einstellen von Artikeln, die Verkaufsprovision sowie die Zusatzoptionen.[118] Diese sind teilweise durch die unterschiedlichen verwendeten Währungen bedingt. Jedoch auch innerhalb des Euro-Raumes gibt es große Unterschiede. So variieren die Kosten für das Anbieten eines Artikels mit Startpreis 10,00 Euro zwischen 0,30 Euro in den Niederlanden und 0,80 Euro in Österreich und Deutschland.

Ein weiterer Unterschied betrifft die Mehrwertsteuer bzw. Sales Tax. Während die deutschen eBay-AGB vorschreiben, dass die genannten Preise Endpreise einschließlich der gesetzlichen Mehrwertsteuer sein müssen,[119] enthalten beispielsweise die AGB der englischen und US-amerikanischen eBay-Plattform einen solchen Passus nicht.

Dagegen verbieten die AGB der englischen Plattform faktisch eigene, entgegenstehende Verkaufsbedingungen der Verkäufer, indem sie bestimmen, dass die eigenen AGB über allen anderen Verkaufsbedingungen des Verkäufers stehen.[120] Eine solche Regelung existiert wiederum in den deutschen AGB nicht und wäre in dieser Form hierzulande auch nicht wirksam.

Schließlich regelt die AGB der englischen eBay-Plattform, dass ein Gebot bei Übergebot nicht erlischt und folglich – falls das Übergebot wirksam zurückgezogen wird – wieder als Höchstgebot auflebt.[121] Wie bereits dargestellt, bestimmen demgegenüber die deutschen AGB ausdrücklich ein solches Erlöschen.[122]

***

[118] Eine Übersicht über die Gebühren findet sich jeweils unter http://pages.eBay.XX/help/sell/fees.html, wobei XX durch den jeweiligen Ländercode (z. B. de für Deutschland) zu ersetzen ist.
[119] § 8 Nr. 6 AGB-eBay.
[120] Vgl. Ziff. 17 Abs. 2 AGB-eBay.co.uk; http://pages.eBay.co.uk/help/policies/user-agreement.html (zuletzt abgerufen am: 31.07.2006).
[121] Ziff. 4 Abs. 1 AGB-eBay.co.uk.
[122] § 9 Ziff. 2 AGB-eBay.

6.1.2. Einbeziehung der „fremden" AGB

Die Einbeziehung der „fremden" AGB ist im Rahmen des eBay-Verbundes insbesondere bereits deswegen problematisch, weil der Verkäufer diese zunächst nicht gesondert bestätigen muss, denn auf der ausländischen Plattform erfolgt keine neue Registrierung. Vielmehr wird auch die ausländische Plattform mit dem bereits auf der einheimischen Plattform eingerichteten Nutzernamen und Nutzerkonto genutzt. Allerdings weisen die AGB von eBay (und ähnlich auch die untersuchten AGB der anderen eBay-Plattformen) in der Einleitung darauf hin, dass sich die Mitglieder vor Nutzung einer fremden eBay-Plattform mit deren AGB vertraut machen und diese beachten müssen. Dies ersetzt freilich nach deutschem Recht keine Einbeziehung.

6.1.2.1. Verhältnis zu anderen Nutzern

Wie bereits dargestellt, bilden die AGB des Plattformbetreibers in Zweifelsfällen die Auslegungsgrundlage für die Willenserklärungen von Einstellern und Bietern. Damit der Inhalt der Erklärungen – sofern er nicht aus sich heraus eindeutig ist – von beiden Parteien gleich verstanden wird, muss er auf dem gleichen Verständnishorizont und daher auch auf den gleichen AGB beruhen. Eine Einbeziehung im Sinne des AGB-Rechts, beispielsweise gem. § 305 Abs. 2 BGB, ist hierfür nicht erforderlich, da die AGB nicht Bestandteil des Vertrages mit dem Vertragspartner werden. Vielmehr genügen die entsprechende Verpflichtung sowie die Möglichkeit, die „fremden" AGB zur Kenntnis zu nehmen. Da die verschiedenen Websites des eBay-Verbundes alle ähnlich aufgebaut sind, befindet sich auch der Link zu den AGB immer an derselben Stelle.[123]

***

[123] Der Link zu den AGB befindet sich auf jeder dargestellten eBay-Seite immer ganz unten.

Sollte ein Nutzer von der Möglichkeit, die „fremden" AGB zur Kenntnis zu nehmen, keinen Gebrauch machen, so muss ihm das jedenfalls im Verhältnis zu den anderen Nutzern zugerechnet werden. Diese haben zum einen keine Möglichkeit herauszufinden, auf welcher nationalen Website sich der andere Nutzer ursprünglich registriert hat, welche AGB er folglich zu diesem Zeitpunkt ausdrücklich akzeptiert hat. Allein die Tatsache, dass ein Nutzer aus Deutschland kommt, bedeutet nicht, dass er sich auch über die deutsche eBay-Website registriert hat. Gründe für eine solche Abweichung können z. B. ein Umzug oder eine Registrierung vor Eröffnung der nationalen eBay-Website – dann meist bei der Hauptseite eBay.com – sein. Zum anderen können sie aufgrund der in den AGB enthaltenen Verpflichtung zur Kenntnisnahme fremder AGB sowie dem Hinweis auf allen Webseiten, dass die Benutzung aufgrund der AGB geschieht, darauf vertrauen, dass auch der anderen Partei die AGB bekannt sind, der Empfängerhorizont sich folglich auch an diesen ausrichtet.

Als problematisch erweist sich dies immer dann, wenn dem Bieter überhaupt nicht bewusst ist, dass er mit einem Nutzer kontrahieren möchte, der seinen Artikel auf einer ausländischen eBay-Plattform eingestellt und daher auch deren AGB zugrunde gelegt hat. Dies ist z. B. dann der Fall, wenn der Bieter den Artikel über eine Suche auf seiner Heimatplattform erreicht hat oder direkt über die im eBay-Verbund einzigartige Artikelnummer auf die Angebotsseite gelangt ist. In diesem Fall erscheint die, beispielsweise über die französische eBay-Plattform eingestellte, Artikelseite in der einheimischen (hier also der deutschen) Maske. Dabei werden insbesondere sämtliche Systeminformationen in deutscher Sprache dargestellt. Hierzu gehört auch die Information über die AGB. Zwar mögen Indizien darauf hindeuten, dass die Auktion ursprünglich auf einer anderen Plattform gestartet wurde, beispielsweise die Sprache Auktionsbeschreibung, Artikelstandort oder Währung. Jedoch kann lediglich die Währung einen relativ sicheren Aufschluss über den Ursprung der Auktion geben, da jede nationale Auktionsplattform nur Angebote in der jeweiligen Heimatwährung akzeptiert.

Auf das gewählte Beispiel hat dies selbstverständlich wiederum keinen Einfluss, da sowohl Frankreich als auch Deutschland den Euro als Landeswährung führen. Artikelstandort und Sprache der Auktion führen dagegen zu keinen ausreichend gesicherten Vermutungen über den Ursprung der Auktion, da der Verkäufer diese frei angeben kann, egal von welcher nationalen Plattform er die Auktion einstellt.

Folge dieser Überlegung ist, dass in dieser speziellen Situation der Bieter weiterhin von der Gültigkeit seiner nationalen AGB ausgeht, der Verkäufer ebenso von seinen teilweise abweichenden nationalen AGB. Die AGB können also im Ergebnis jedenfalls nicht in ihrer Gesamtheit als Auslegungsgrundlage fungieren, da beide Parteien von unterschiedlichen AGB ausgingen.

Auch wenn dem Bieter bewusst ist, dass es sich bei dem Artikel um einen solchen handelt, welcher auf einer ausländischen eBay-Plattform eingestellt wurde, nämlich wenn die Auktionswährung abweicht, kann der Bieter nicht ohne weiteres Kenntnis von den fremden AGB nehmen. Denn da sämtliche Informationen in der Maske der eigenen Plattform erscheinen, verweist auch der Link zu den AGB lediglich auf diese der Heimatplattform.

Im Ergebnis können die Nutzer folglich nicht sicher davon ausgehen, dass beide Parteien auf der Grundlage derselben AGB agieren. Die AGB werden also nicht in ihrer Gesamtheit zur Auslegungsgrundlage. Allerdings sollten hier jedenfalls die übereinstimmenden AGB-Regeln, welche Bestandteil des Verständnishorizontes beider Parteien geworden sind, insoweit auch Auslegungsgrundlage werden. Hierzu gehören insbesondere die Regeln zum Vertragsschluss, die in sämtlichen eBay-AGB nahezu identisch sind.

6.1.2.2. Verhältnis zum Plattformbetreiber

Gegenüber den Plattformbetreibern sind die AGB nicht nur Auslegungsgrundlage, sondern Bestandteil des Nutzungsvertrages. Für ihre Wirksamkeit müssen sie folglich wirksam einbezogen werden. Zur Beantwortung der Frage der wirksamen Einbeziehung muss auf das jeweils anwendbare Recht zurückgegriffen werden. Die Regeln zur Bestimmung dieses Rechts werden in Abschnitt II. erläutert. An dieser Stelle soll die Frage bei angenommener Geltung deutschen Rechts beantwortet werden.

Gem. § 305 Abs. 2 BGB bedarf es für eine wirksame Einbeziehung der AGB sowohl des Hinweises auf die AGB als auch der Möglichkeit der Kenntnisverschaffung „bei Vertragsschluss" sowie des Einverständnisses des Nutzers mit der Geltung. Hinweis und die Möglichkeit der Kenntnisverschaffung müssen also bereits vor Abschluss des ursprünglichen Nutzungsvertrages gegeben sein. Zu diesem Zeitpunkt wird dem Nutzer in den wenigsten Fällen bekannt sein, ob und bei welchen weiteren eBay-Plattformen er in Zukunft handeln wird, so dass ein konkreter Hinweis auf bestimmte weitere AGB überhaupt nicht möglich ist. Die AGB von eBay weisen aber ihrerseits in den Vorbemerkungen darauf hin, dass sich die Nutzer bei Nutzung der Marktplatz-Websites anderer eBay-Gesellschaften mit deren AGB vertraut machen und diese beachten müssen. Dies ist als ausdrücklicher Hinweis im Sinne von § 305 Abs. 2 Nr. 1 BGB meines Erachtens ausreichend.

Hinzu kommt, dass in dem konkreten Fall meines Erachtens ein Hinweis erst dann notwendig wird, wenn die AGB der ausländischen Plattform tatsächlich Relevanz erlangen. Dies ist erst dann der Fall, wenn diese Plattform tatsächlich genutzt wird, also der Nutzer Gebote abgibt oder Artikel einstellt. Insoweit bestehen hier auch Ähnlichkeiten zur grundsätzlich möglichen nachträglichen Einbeziehung von AGB.[124] Der ausdrückliche

***

[124] Vgl. *Basedow*-MüKo, § 305 Rn. 75 f.

Hinweis, dass die AGB der jeweiligen Plattform gelten, findet sich auf sämtlichen Webseiten aller eBay-Plattformen ganz unten auf der Seite. In Verbindung mit der oben angesprochenen Verpflichtung aus den AGB von eBay ergibt sich im Ergebnis, dass jedenfalls die Bedingung des ausdrücklichen Hinweises gem. § 305 Abs. 2 Nr. 1 BGB erfüllt ist.

Auch die Möglichkeit der Kenntnisnahme vom Inhalt der fremden AGB gem. § 305 Abs. 2 Nr. 2 BGB ist grundsätzlich gegeben, jedenfalls soweit die ausländische eBay-Website zum Zeitpunkt des Vertragsschlusses bereits existiert. Eine konkrete Kenntnis vom Inhalt wird der Nutzer allerdings stets erst dann nehmen, wenn er tatsächlich auf der fremden Website Transaktionen tätigen möchte. Dies ist allerdings, wie soeben bereits ausgeführt, ausreichend, da erst zu diesem Zeitpunkt die „fremden" AGB eine tatsächliche Relevanz erlangen. Die zumutbare Möglichkeit zur Kenntnisnahme besteht auch, da im Rahmen des ausdrücklichen Hinweises immer auch ein Link zu den AGB enthalten ist. Darauf, dass der Nutzer den Link auch tatsächlich anklickt, kommt es nicht an, vielmehr muss lediglich die Möglichkeit der Kenntnisnahme bestehen.[125]

In dem unter Punkt a) genannten Ausnahmefall, dass der Bieter ohne es zu bemerken auf eine Auktion stößt, welche über eine ausländische eBay-Plattform eingestellt wurde, werden die ausländischen AGB allerdings nicht einbezogen und folglich auch nicht Bestandteil des Nutzungsvertrages, welcher weiterhin auf den einheimischen AGB beruht.

6.2. Anwendbares Recht

Eine weitere Frage, mit welcher sich der Verkäufer bereits vor der Wahl einer ausländischen Plattform auseinandersetzen sollte, ist die des anwendbaren Rechts. Dabei sind gerade für

***

[125] Stoffels, Rn. 276.

den unternehmerischen Verkäufer grundsätzlich zwei Konstellationen zu unterscheiden. Zum einen muss festgestellt werden, das Recht welchen Staates bzw. welcher Staaten – insbesondere im Hinblick auf das Wettbewerbsrecht – während der Auktionslaufzeit anwendbar ist (Auktionsverhältnis). Zum anderen ist nach Abschluss der Auktion zu bestimmen, welchem Recht der Vertrag selbst und damit auch die Abwicklung unterliegen (Vertragsverhältnis). Hier kann es durchaus zu unterschiedlichen Ergebnissen kommen.

6.2.1. Allgemeine Regeln

Die Frage, welches Recht für einen bestimmten Sachverhalt anwendbar ist, richtet sich grundsätzlich nach dem jeweiligen Internationalen Privatrecht (IPR). Dieses IPR ist nicht etwa, wie der Name vermuten lässt, international einheitlich. Vielmehr hat jeder Staat sein eigenes IPR. Hinsichtlich des insbesondere für Pkt. 3 relevanten vertraglichen Schuldrechts sind die Regelungen zumindest innerhalb der EU-Staaten allerdings im Wesentlichen identisch.[126] Die Gerichte wenden dabei immer von Amts wegen ihr eigenes IPR an.[127] Insoweit sollte bereits im vorgerichtlichen Stadium darauf geachtet werden, bei welchen Gerichten im Zweifel ein Rechtsstreit zu behandeln wäre und welches IPR daraus folgend anwendbar ist.

Voraussetzung für die Anwendbarkeit des IPR ist ein internationaler Sachverhalt, d. h. es müssen tatsächliche Berührungspunkte mit mind. zwei verschiedene Rechtsordnungen bestehen. Dabei genügt allein die Tatsache, dass ein Vertrag über ein „internationales Medium" wie das Internet geschlossen wird, nicht.[128] Vielmehr müssen sich die Berührungspunkte aus den

***

[126] Bücker, S. 110; *Heldrich*-Palandt, Vorb. v. Art. 27 EGBGB Rn. 1.
[127] *Heldrich*-Palandt, Einl. v. Art. 3 EGBGB Rn. 1.
[128] Bücker, S. 111 f.

handelnden Parteien bzw. dem Vertrag selbst ergeben.[129] Die Identifizierung der Berührungspunkte unterscheidet sich bei Auktions- und Vertragsverhältnis, so dass auf Details erst in den entsprechenden Unterpunkten eingegangen wird.

Im Folgenden wird grundsätzlich von der Anwendbarkeit des deutschen IPR ausgegangen.

Nach deutschem IPR wird das anwendbare Recht bei vertraglichen Schuldverhältnissen in drei Prüfungsschritten bestimmt. An erster Stelle stehen völkerrechtliche Verträge, wenn sie unmittelbar anwendbares nationales Recht geworden sind (Art. 3 Abs. 2 EGBGB). Wichtigstes Beispiel für einen solchen Vertrag hinsichtlich der Problematik dieser Untersuchung ist das UN-Kaufrecht (CISG). Sollte ein solcher völkerrechtlicher Vertrag nicht existieren, ist als nächstes zu prüfen, ob eine wirksame Rechtswahl stattgefunden hat (Art. 27 EGBGB). Dabei sind insbesondere auch die Verbraucherschutzregelungen des Art. 29 EGBGB zu beachten. Wurde schließlich auch kein bestimmtes Recht wirksam gewählt, ist über die weiteren Anknüpfungspunkte der Art. 28 ff. EGBGB das anwendbare Recht zu bestimmen.

6.2.2. Anwendbares Recht während der Auktion

Im Auktionsverhältnis sind zwei Konstellationen zu unterscheiden. Zum einen geht es um das Vertragsverhältnis zwischen Auktionsplattform und Nutzer, folglich ein vertragliches Schuldverhältnis. Zum zweiten ist insbesondere für die gewerblichen Einsteller die wettbewerbsrechtliche Problematik als außervertragliches Schuldverhältnis zu beachten.

***

[129] v. Hoffmann/Thorn, § 10 Rn. 30.

6.2.2.1. Vertragsverhältnis Versteigerungsplattform – Nutzer

Jeder Nutzer geht mit der Versteigerungsplattform einen Nutzungsvertrag ein. Dabei existiert, egal bei wie viel verschiedenen nationalen eBay-Plattformen der Nutzer tätig wird, nur ein Nutzungsvertrag, nämlich mit der Plattform, bei welcher die ursprüngliche Registrierung vorgenommen wurde. Bei Streitigkeiten aus diesem Vertrag muss – wenn nicht beide Parteien im selben Land ansässig sind – festgestellt werden, nach welchem Recht diese Streitigkeiten zu behandeln sind. Dabei ist weiterhin zu beachten, dass der Abschluss eines Nutzungsvertrages technisch bedingt nur bei der Plattform des Landes möglich ist, in welchem der Nutzer ansässig ist. Sollte der Nutzer versuchen, die Registrierung von einer anderen nationalen eBay-Plattform aus zu starten, würde spätestens bei Angabe der Adresse eine Weiterleitung zur heimischen Plattform erfolgen.

6.2.2.2. Anwendbares Wettbewerbsrecht

Auch Internetauktionen sind nicht vor wettbewerbsrechtlichen Streitigkeiten gefeit, seien es Ansprüche aus dem Markenrecht, dem unlauteren Wettbewerb oder Verstöße gegen Verbraucherschutzvorschriften. Da für dieses Rechtsgebiet keine völkerrechtlichen Verträge existieren, muss auf das jeweilige nationale Recht zurückgegriffen werden.

Innerhalb der EG bzw. des EWR gilt für Internetauktionen das Herkunftslandprinzip des § 4 Abs. 1 TDG.[130] Dies bedeutet, dass Teledienste, die nach dem Recht ihres Heimatlandes gesetzestreu handeln, auch in den weiteren Mitgliedstaaten so behandelt werden müssen, selbst wenn dort andere, strengere Vorschriften herrschen.[131] Für die meisten Verbraucherschutzvorschriften hat

***

[130] Zur Anwendbarkeit des TDG vgl. Kap. 4.6.1.
[131] Ahrens, CR 2000, 835 (840).

dies keine besondere Bedeutung, da sie i. d. R. auf europäischen Vorgaben beruhen und in allen Mitgliedstaaten einheitlich umgesetzt wurden. Ausnahmen können sich allerdings im Detail ergeben.

Als Beispiel für eine solche Ausnahme soll das Widerrufsrecht dienen. In der Fernabsatz-Richtlinie wurden Versteigerungen grundsätzlich von der Anwendung ausgeschlossen.[132] Wie bereits dargestellt, ist der deutsche Gesetzgeber über die Vorgaben der Richtlinie hinausgegangen und hat insoweit nicht nur die Informationspflichten für anwendbar erklärt, sondern den Ausnahmetatbestand so eingeschränkt, dass Internetauktionen nach Rechtsprechung des BGH regelmäßig hiervon ausgenommen sind, ein Widerrufsrecht folglich besteht. Dagegen spricht beispielsweise das österreichische Recht in § 5b Nr. 4 KSchG[133] wie die Richtlinie lediglich von „Versteigerungen", was Internetauktionen einschließt.[134] Der österreichische Gesetzgeber hielt sich insoweit vollständig an die Vorgaben der Richtlinie, so dass gem. § 5b KSchG nicht nur das Widerrufsrecht sondern ebenso auch sämtliche Informationspflichten keine Anwendung finden.[135] Es zeigt sich also bereits an diesem Beispiel, dass trotz Harmonisierung noch immer teilweise eklatante Unterschiede bei der jeweiligen Anwendung nationaler Rechte bestehen.

Außerhalb des Geltungsbereichs des TDG ist auf das jeweilige nationale IPR zurückzugreifen. Innerhalb des deutschen IPR wird insoweit, da für das Wettbewerbsrecht keine eigenen Vorschriften existieren, auf die Regeln zur unerlaubten Handlung (Art. 40 f. EGBGB) verwiesen. In der Rechtsprechung hat sich

***

[132] Richtlinie 1997/7/EG des Europäischen Parlaments und des Rates vom 20.05.1997 über den Verbraucherschutz bei Vertragsschlüssen im Fernabsatz, Abl. EG Nr. L 144, S. 19.
[133] Konsumentenschutzgesetz, abrufbar unter: http://www.i4j.at/gesetze/bg_kschg01.htm#§_5b.
[134] Vgl. Gurmann, S. 117 m. w. N.
[135] A. A. Hahn/Wilmer, Kap. F Rn. 6, welche dies allerdings aus dem abweichenden deutschen Recht ableiten.

aus Art. 40 Abs. 1 S. 1 EGBGB das Marktortprinzip fest etabliert.[136] Dies bedeutet, dass wettbewerbsrechtliche Fragen an das Recht des Ortes angeknüpft werden, an dem sie wirken. Dadurch soll erreicht werden, dass an diesem Ort bzw. diesem Markt ein einheitlicher Ordnungsrahmen geschaffen wird.[137] Das Problem bei Internetauktionen ist allerdings, dass diese grundsätzlich weltweit abrufbar sind, der Verkäufer folglich weltweit sämtliche geltenden – sich im Zweifel gar widersprechenden - wettbewerbsrechtlichen Regeln einhalten müsste.[138] Da dieses Ergebnis unbillig ist, muss dem Verkäufer die Möglichkeit gegeben werden, sein Angebot auf bestimmte Märkte entweder durch Ausgrenzung oder bewusster Einbeziehung einzuschränken. Dies kann entweder ausdrücklich in Form eines Disclaimers[139] oder konkludent durch die Ausrichtung des Angebots geschehen.[140] Eine betriebsinterne Weisung genügt insoweit nicht, die Ausrichtung muss nach außen gerichtet sein.[141] So richtet sich das Angebot, wenn der Verkäufer ausdrücklich nur innerhalb Deutschlands verschickt, ersichtlich auch nur an den deutschen Markt. Obwohl das Angebot auch aus anderen Ländern abgerufen werden kann, wirkt es sich so doch nicht auf den dortigen Markt aus.[142]

Teilweise wird vertreten, dass nur dann ein Ort Marktort wird, wenn die Website jedenfalls eine Ausrichtung auf diesen Ort wünscht. Hierfür müssten gewisse Spürbarkeitskriterien entwickelt werden. Die Überlegung basiert auf der Annahme, dass die jeweiligen nationalen Wettbewerbsregeln nicht grenzenlos ex-

***

[136] *Mankowski*-Spindler/Wiebe, Kap. 11 Rn. 131 m. w. N.
[137] *Mankowski*-Spindler/Wiebe, Kap. 11 Rn. 131.
[138] *Freitag*-Leible/Sosnitza, Rn. 912.
[139] Dieser muss selbstverständlich auch eingehalten werden, sonst hat er lediglich Indizienwirkung. *Moritz/ Hermann*-Moritz/Dreier, Kap. D Rn. 609.
[140] OLG Frankfurt/M., K & R 1999, 138 (139); *Freitag*-Leible/Sosnitza, Rn. 912; *Mankowski*-Spindler/Wiebe, Kap. 11 Rn. 133.
[141] OLG Frankfurt/M., K & R 1999, 138 (139);
[142] *Moritz/Hermann*-Moritz/Dreier, Kap. D Rn. 607.

portiert werden dürfen.[143] Wie diese Spürbarkeitskriterien definiert werden sollen, bleibt allerdings unklar.

6.2.2.3. Anwendbares Recht nach Abschluss der Auktion

Im Vertragsverhältnis geht es um das zwischen Käufer und Verkäufer anwendbare Recht. Hier kann es sehr häufig vorkommen, dass die Parteien aus unterschiedlichen Staaten kommen. Ist dies der Fall, muss geprüft werden, welches Recht auf den geschlossenen Vertrag anwendbar ist.

6.2.2.4. Völkerrechtliche Verträge

Zur Feststellung des anwendbaren Rechts ist zunächst zu prüfen, ob ein völkerrechtlicher Vertrag im Sinne von Art. 3 Abs. 2 EGBGB einschlägig ist. Für die zu betrachtenden Sachverhalte kommt nur das bereits erwähnte UN-Kaufrecht in Frage. Dieses muss sachlich, räumlich und persönlich anwendbar sein.

Die Anwendbarkeit des UN-Kaufrecht ist in Art. 1 Abs. 1 CISG geregelt. Danach muss es sich zum einen um Kaufverträge über Waren handeln, zum zweiten müssen die Parteien ihre Niederlassung in verschiedenen Staaten haben und zum dritten müssen diese Staaten entweder Vertragsstaaten[144] des CISG sein oder das IPR muss auf das Recht eines Vertragsstaates verweisen. Dabei muss sich die Tatsache, dass sich die Niederlassungen in verschiedenen Ländern befinden, aus dem Vertrag bzw. der diesem vorhergehenden Geschäftsbeziehung ergeben (Art. 1 Abs. 2 CISG).

***

[143] Ernst, NJW-CoR 1999, 302 (303).
[144] Eine Auflistung der Vertragsstaaten findet sich u. a. bei Jayme/Hausmann, Nr. 77 Fn. 1.

In Art. 2 CISG werden zudem verschiedene Ausschlusstatbestände hinsichtlich der Anwendbarkeit des UN-Kaufrecht genannt. So findet es gem. Art. 2 lit. a) CISG insbesondere keine Anwendung auf Käufe für den persönlichen Gebrauch, es sei denn, dass der Verkäufer dies nicht wusste oder hätte wissen müssen. Damit ist bereits ein Großteil der bei Internetversteigerungen geschlossenen Verträge von der Anwendung des CISG ausgeschlossen, da in den meisten Fällen der Kauf gerade für den persönlichen Gebrauch bestimmt ist und dem Verkäufer dies auch so bewusst ist. Übrig bleiben folglich nur solche Käufe, die für die gewerbliche oder selbständige Tätigkeit des Käufers getätigt werden.

Ein weiterer Ausnahmetatbestand sind Käufe, die bei Versteigerungen zustande gekommen sind, Art. 2 lit. b) CISG. Fraglich ist auch hier, ob damit auch Internetauktionen oder lediglich die „klassischen" Versteigerungen gemeint sind. Die allgemeine Verwendung des Begriffes „Versteigerung" (auction, vente aux enchères[145]) deutet jedenfalls darauf hin, dass unter diese Fallgruppe jede Form einer Versteigerung fallen soll. Dies deckt sich auch mit dem Sinn und Zweck des Ausschlusses von Versteigerungen aus dem Anwendungsbereich des CISG. Neben der Tatsache, dass Versteigerungen regelmäßig nationalen Sonderregeln am Versteigerungsort unterliegen, ist vor allem von Bedeutung, dass es für den Verkäufer erst unzumutbar spät, nämlich erst im Augenblick des Vertragsschlusses, endgültig feststeht, ob das CISG Anwendung finden wird.[146] Dies gilt ebenso für Internetauktionen wie für die klassischen Präsenzauktionen.

Da Internetauktionen, wie bereits dargelegt,[147] Versteigerungen im Rechtssinne sind, würden sie folglich eine Anwendbarkeit des CISG ausschließen. Diese Ansicht findet eine große Mehrheit in

***

[145] Vgl. *Magnus*-Staudinger, Art. 2 CISG Rn. 32.
[146] *Magnus*-Staudinger, Art. 2 CISG Rn. 32; Schmitt, CR 2001, 145 (146).
[147] Vgl. Kap. 3.1.4.

der Literatur.[148] *Magnus* teilt diese Ansicht grundsätzlich, möchte sie allerdings auf die Fälle einschränken, in welchen „ein Auktionator den Zuschlag erteilt".[149] Diese Einschränkung geht allerdings zu weit, da nicht ersichtlich ist, warum diese Internetauktionen anders beurteilt werden sollten, als solche, bei denen der Vertragsschluss auf andere Weise erfolgt.

Im Ergebnis ist hier der herrschenden Ansicht zuzustimmen, dass auch Internetauktionen unter den Ausschlusstatbestand des Art. 2 lit. a) CISG fallen. Dies entspricht insbesondere dem dargestellten Sinn und Zweck der Regelung. Die Anwendung des UN-Kaufrechts ist folglich in jedem Fall ausgeschlossen.

6.2.2.5. Vertragliche Rechtswahl

Als nächstes ist zu prüfen, ob wirksam ein bestimmtes anwendbares Recht vereinbart wurde. Die Wirksamkeit der Rechtswahl richtet sich dabei nach dem Recht, welches durch diese für anwendbar erklärt wurde, Art. 27 Abs. 4 i. V. m. Art. 31 Abs. 1 EGBGB.[150]

Die Rechtswahl kann dadurch erfolgen, dass der Verkäufer in seine Auktionsbeschreibung eine entsprechende Klausel einfügt, welche durch den Käufer mit Abgabe des Gebotes angenommen wird. Die Einführung einer Rechtswahlklausel durch den Käufer erscheint regelmäßig ausgeschlossen, da dieser erst zum Zeitpunkt des Vertragsschlusses feststeht, mithin dessen Angebot auf Wahl eines bestimmten Rechts durch den Verkäufer nicht mehr angenommen werden kann. Einzig denkbar wäre ein nachträglicher Rechtswahlvertrag.

***

[148] *Ferrari*-Schlechtriem/Schwenzer, Art. 2 Rn. 28; *Mankowski*-Spindler/Wiebe, Kap. 11 Rn. 67; *Magnus*-Staudinger, Art. 2 CISG Rn. 33; Bücker, S. 116. A. A. *Freitag*-Leible/Sosnitza, Rn. 803 ff.
[149] *Magnus*-Staudinger, Art. 2 CISG Rn. 33.
[150] *Heldrich*-Palandt, Art. 27 EGBGB Rn. 8; *Benicke*-Kronke/Melis/Schnyder, Teil B. Rn. 120.

Da es sich, wie bereits im ersten Abschnitt der Untersuchung ausführlich erörtert, bei Vertragsbedingungen in der Auktionsbeschreibung regelmäßig um AGB handelt,[151] müssen diese nach dem gewählten Recht wirksam einbezogen sein.[152] Anderenfalls wäre die Rechtswahlvereinbarung wirkungslos und es müsste auf die objektive Anknüpfung des Art. 28 EGBGB zurückgegriffen werden.

6.2.2.6. Einschränkung der Rechtswahl bei Verbraucherverträgen

Allerdings findet die freie Rechtswahl in Art. 29 EGBGB eine Einschränkung hinsichtlich Verbraucherverträgen, also bei Verträgen, die nicht der „beruflichen oder gewerblichen Tätigkeit" des Verbrauchers zugerechnet werden können, Art. 29 Abs. 1 EGBGB. Auch wenn sich dies aus dem Gesetzeswortlaut nicht eindeutig ergibt, fallen keine Verträge unter Verbrauchern, sog. C-2-C-Verträge, hierunter.[153] Unter bestimmten Umständen verbleiben dem Verbraucher trotz Rechtswahl die zwingenden Verbraucherschutzvorschriften seines Heimatrechtes. Die drei Fallgruppen des Art. 29 Abs. 1 EGBGB lassen sich kurz damit zusammenfassen, dass sich der Unternehmer auf den Heimatmarkt des Verbrauchers begibt. Dies geschieht entweder dadurch, dass der Unternehmer auf dem Markt des Verbrauchers wirbt und dieser dort den Vertragsschluss tätigt (Nr. 1), dass der Unternehmer die Bestellung im Heimatmarkt des Verbrauchers entgegennimmt (Nr. 2) oder dass der Unternehmer den Verbraucher mit dem Ziel des Warenverkaufs aus dessen Heimatmarkt „lockt" (Nr. 3). Da mit der Fallgruppe der Nr. 3 die tatsächlich

***

[151] Vgl. Kap. 3.5.2.1.
[152] Ausführliche Darlegungen zur wirksamen Einbeziehung finden sich in Kap. B.V.2.c).
[153] Bücker, S. 125.

physische Anwesenheit des Verbrauchers im fremden Markt gemeint ist,[154] scheidet diese für Internetauktionen aus.

Ein Teil der Literatur vertritt zudem die Ansicht, dass auch für die Fallgruppe der Nr. 2 eine physische Anwesenheit des Unternehmers bzw. dessen Vertreters im Heimatmarkt des Verbrauchers notwendig ist.[155] Die Gegenmeinung ist demgegenüber der Auffassung, dass auch die Entgegennahme im Land des Verbrauchers auf elektronischem Weg ausreicht. Dabei soll teilweise auf den Standort des jeweiligen Servers abgestellt werden, bei welchem die E-Mail mit der Bestellung des Verbrauchers eingeht. Der Mailserver wird somit einem normalen Briefkasten gleichgestellt.[156] Bei Internetauktionen soll zudem auf örtliche Belegenheiten der genutzten Auktionsplattform abgestellt werden, welche als Empfangsvertreter fungieren soll.[157] Diese Meinung ist allerdings abzulehnen, da zum einen der Standort des Servers zufällig ist, zum anderen der Verbraucher in der Regel nicht weiß, wo sich der Mailserver des Empfängers befindet. Ebenso kann – wie dargelegt – insbesondere im eBay-Verbund der Käufer regelmäßig nicht nachvollziehen, von welcher Plattform aus der Verkäufer seinen Artikel eingestellt hat, abgesehen davon, dass die Plattformen i. d. R. keine Empfangsvertreter sind. Das besondere Schutzbedürfnis des Verbrauchers, welcher sich in seinem Heimatmarkt wähnt, ist somit nicht gegeben.[158] Im Ergebnis ist für die Sachverhalte der Fallgruppe des Art. 29 Abs. 1 Nr. 2 EGBGB eine tatsächliche physische Präsenz des Verkäufers im Verbrauchermarkt notwendig, so dass eine Anwendung bei Internetauktionen ebenfalls ausscheidet.

***

[154] *Martiny*-MüKo, Art. 29 EGBGB Rn. 41; *Heldrich*-Palandt, Art. 29 EGBGB Rn. 5.
[155] *Heldrich*-Palandt, Art. 29 EGBGB Rn. 5; Gruber, DB 1999, 1437; Bücker, S. 143.
[156] *Mankowski*-Spindler/Wiebe, Kap. 11 Rn. 42.
[157] *Mankowski*-Spindler/Wiebe, Kap. 11 Rn. 43. Im Ergebnis wohl auch Mehrings, CR 1998, 613 (620).
[158] Vgl. Bücker, S. 142 f.

Es verbleibt somit für Internetauktionen lediglich die Einschränkung gem. Art. 29 Abs. 1 Nr. 1 EGBGB. Danach kommen die zwingenden Verbraucherschutzregelungen des Heimatstaates[159] des Verbrauchers – wenn diese günstiger als die des gewählten Rechtes sind – zur Anwendung, wenn dem Vertragsschluss ein ausdrückliches Angebot oder eine Werbung im Heimatstaat des Verbrauchers vorausging und dieser die zum Vertragsschluss erforderliche Rechtshandlung auch dort vorgenommen hat.

Die zweite Tatbestandsvoraussetzung ist bei Internetauktionen in der Regel problemlos, da der Verbraucher die Abgabe des Gebotes grundsätzlich in seinem Heimatstaat abgeben wird. Doch selbst wenn ein Ausnahmefall eintritt, dass das Gebot beispielsweise im Urlaub abgegeben wurde, wird sich der Unternehmer hierauf nicht berufen können, da ihm nicht bekannt sein wird, wo sich der Verbraucher zum Zeitpunkt der Gebotsabgabe befand.[160] Eine entsprechende Beweisführung ist ihm dadurch unmöglich.

Weiterhin ist das ausdrückliche Angebot bzw. die Werbung im Heimatstaat des Verbrauchers notwendig. Unter den Begriff des Angebots fallen sowohl das verbindliche Angebot i. S. v. § 145 BGB als auch das invitatio ad offerendum,[161] während Werbung darüber hinaus gehend auch allgemeine absatzfördernde Handlungen (Anzeigen, Werbespots) umfasst.[162] Da das Einstellen eines Artikels auf einer Auktionsplattform zumindest ein invitatio ad offerendum darstellt, handelt es sich folglich um ein ausdrückliches Angebot in diesem Sinne.

Dieses Angebot muss vom Unternehmer allerdings (auch) im Heimatstaat des Verbrauchers abgegeben worden sein. Dies führt beim weltweiten Medium des Internets zu erheblichen

***

[159] Der Staat, in welchem der Verbraucher seinen gewöhnlichen Aufenthalt hat. Auf die Staatsbürgerschaft kommt es nicht an.
[160] Bücker, S. 139.
[161] *Martiny*-MüKo, Art. 29 EGBGB Rn. 34.
[162] *Martiny*-MüKo, Art. 29 EGBGB Rn. 35.

Problemen. Denn da die Angebotsseite aus jedem Land der Welt abgerufen werden kann, würde sich der Verkäufer mit dem Einstellen einer Auktion faktisch jedem zwingenden Verbraucherschutzrecht unterwerfen.[163] Dies stellt für den unternehmerischen Verkäufer eine unzumutbare Belastung dar. Daher wird von einem Großteil der Literatur vertreten, dass der Verkäufer die Wirkung des Angebots bzw. der Werbung eingrenzen kann, indem durch einen sog. Disclaimer beispielsweise bestimmte Staaten von dem Angebot ausgenommen werden oder sich das Angebot ausdrücklich nur an bestimmte Staaten richtet.[164] Dabei müssen die Maßgaben des Disclaimers selbstverständlich durch den Verkäufer auch eingehalten werden, ein Vertrag mit einem in einem ausgeschlossenen Staat ansässigen Verbraucher darf nicht geschlossen werden.[165] Hat der Höchstbieter seinen gewöhnlichen Aufenthalt in einem Staat, welcher durch den Verkäufer ausgeschlossen wurde, ist kein wirksamer Vertrag zustande gekommen, da ein Dissens hinsichtlich des Versandes besteht. Folglich kann sich der Verbraucher anderenfalls grundsätzlich im Vertragsverhältnis auf die Geltung der zwingenden Verbraucherschutzregelungen seines Heimatstaates berufen.

Art. 29a EGBGB, der quasi als letzte Schutzbastion der Verbraucher auch dann die Umsetzung bestimmter EG-Verbraucherschutzrichtlinien wirksam werden lässt, wenn eine Rechtswahl trotz Art. 29 EGBGB vollständig auf das Recht eines Drittstaates[166] verweist, gleichwohl aber eine enge Verbindung zu einem Mitgliedsstaat der EU bzw. einem Vertragstaat des

***

[163] Mehrings, CR 1998, 613 (619).
[164] *Martiny*-MüKo, Art. 29 EGBGB Rn. 36; *Heldrich*-Palandt, Art. 29 EGBGB Rn. 5; Mehrings, CR 1998, 613 (619); *Terlau*-Moritz/Dreier, Kap. C Rn. 250. Anders: Schack, MMR 2000, 135 (138); Hoeren, S. 191, welcher einem Disclaimer zwar seine Zustimmung verweigert, allerdings von der sonstigen objektiven Ausrichtung der Website auf ihre Verbreitung schließen will.
[165] Bücker, S. 133
[166] Drittstaat bezeichnet hier einen Staat, der nicht Mitglied der EU oder Vertragsstaat des EWR ist.

EWR aufweist, hat daher im Ergebnis nur eine untergeordnete Bedeutung. Die nicht abschließenden Vermutungen für eine enge Verbindung des Art. 29a Abs. 2 EGBGB fallen hinter die konkreteren Bestimmungen des Art. 29 Abs. 1 EGBGB zurück. Relevant erscheint insoweit lediglich die eher unwahrscheinliche Möglichkeit, dass ein Verkäufer mit Sitz in einem Mitglieds- bzw. Vertragsstaat mit einem Verbraucher aus einem Drittstaat eine Rechtswahlvereinbarung abschließt, die auf das Recht des Drittstaates verweist. Ausnahmsweise ist dann eine enge Verbindung, obwohl in der Aufzählung des Art. 29a Abs. 2 EGBGB nicht enthalten, gegeben. Dies ergibt sich insbesondere aus der analogen Anwendung der Vermutungen des Art. 28 Abs. 2 EGBGB.[167] Danach besteht grundsätzlich mangels Rechtswahl die engste Verbindung mit dem Staat, in welchem der Verkäufer seinen Sitz bzw. gewöhnlichen Aufenthalt hat. Wenn aber ohne Rechtswahl mit diesem Staat der engste Zusammenhang besteht, muss folglich auch bei Rechtswahl zumindest ein enger Zusammenhang bestehen. Folge hiervon ist, dass in diesen Fällen die in diesem Staat geltenden Bestimmungen zur Umsetzung der Verbraucherschutzrichtlinien, welche in Abs. 4 abschließend aufgezählt sind, zusätzlich zu den Regeln des gewählten Rechts anwendbar sind.

6.2.2.7. Anknüpfung mangels Rechtswahl

In den meisten Fällen wird eine Rechtswahl nicht getroffen, so dass grundsätzlich über Art. 28 EGBGB das anzuwendende Recht festgestellt werden muss. Ausnahme hiervon sind die soeben unter Pkt. c) dargestellten Verbraucherverträge. Bei Vorliegen der Voraussetzungen ist mangels Rechtswahl auf den Vertrag das Recht des Staates anzuwenden, in welchem der Verbraucher seinen gewöhnlichen Aufenthalt hat, Art. 29 Abs. 2

***

[167] Weitere Ausführungen zu Art. 28 EGBGB im folgenden Pkt. d).

EGBGB. Wie ausgeführt liegen die Voraussetzungen grundsätzlich immer vor.

Für Verträge zwischen Unternehmern (B-2-B) bzw. zwischen Verbrauchern (C-2-C) gilt das Recht, mit welchem der Vertrag die engste Verbindung aufweist, Art. 28 Abs. 1 S. 1 EGBGB. Diese allgemeine Aussage wird in Abs. 2 S. 1 durch die Vermutung konkretisiert, dass die engste Verbindung zu dem Staat besteht, in welchem die Partei, welche die charakteristische Leistung erbringt, ihren gewöhnlichen Aufenthalt bzw. ihren Sitz hat. Bei Internetauktionen ist dies der Staat des Anbieters. Gem. Art. 28 Abs. 5 EGBGB kann diese Vermutung dann widerlegt werden, wenn eine engere Verbindung zu einem anderen Staat besteht.

So könnte man davon ausgehen, dass ähnlich wie bei öffentlichen Versteigerungen eine Anknüpfung an das Recht des Versteigerungsortes erfolgt.[168] Im Ergebnis ist dies aber abzulehnen. Während öffentliche Versteigerungen örtlich gebunden sind, die Parteien i. d. R. körperlich anwesend sind und häufig auch die Vertragserfüllung an Ort und Stelle stattfindet, so dass tatsächlich die engste Verbindung mit dem Versteigerungsort besteht, trifft dies bei Internetauktionen nicht zu. Häufig ist für den Bieter, wie bereits dargestellt,[169] noch nicht einmal nachvollziehbar, auf welcher nationalen eBay-Plattform die Versteigerung tatsächlich stattfindet. Daher kommt eine Anknüpfung an das Recht des Versteigerungsortes nicht in Betracht.[170]

6.2.2.8. Sachenrechtliche Anknüpfung

Im Hinblick auf die sachenrechtlichen Fragestellungen, insbesondere den Eigentumsübergang, ist eine Rechtswahl nicht

***

[168] *Magnus*-Staudinger, Art. 28 EGBGB Rn. 176.
[169] Vgl. Kap. 5.1.2.2.
[170] Bücker, S. 112; *Mankowski*-Spindler/Wiebe, Kap. 11 Rn. 63.

möglich.[171] Das anzuwendende Recht ergibt sich auch nicht aus dem für den Vertrag geltenden Recht, sondern wird über die Art. 43 ff. EGBGB ermittelt.

Art. 43 Abs. 1 EGBGB bestimmt insoweit, dass die Rechte an einer Sache dem Recht des Staates unterliegen, in welchem sich diese befindet (*lex rei sitae*).[172] Bei internationalen Internetauktionen muss nun gefragt werden, wie sich die Rechte an der Sache beim Grenzübertritt verhalten. Diese Frage soll hier nur am Beispiel des Eigentums geklärt werden, wobei Spezialfälle (z. B. Erwerb vom nicht Berechtigten) angesichts des eingeschränkten Raums keine Beachtung finden können.

Zu unterscheiden sind somit grundsätzlich die zwei Fallgruppen, dass entweder das Eigentum bereits im Ursprungsstaat auf den Käufer übergegangen ist und anschließend ins Inland versandt wurde oder die Eigentumsübertragung noch nicht vollständig abgeschlossen war.

Nach deutschem Recht ist beispielsweise für die Eigentumsübertragung sowohl die Einigung als auch die Übergabe notwendig, § 929 S. 1 BGB. Daraus folgt, dass bei einem Versendungsverkauf, und ein anderer kommt bei internationalen Internetauktionen wohl nicht in Frage, von Deutschland ins Ausland die Eigentumsübertragung noch nicht abgeschlossen ist, da eine Übergabe zum Zeitpunkt des Grenzübertritts noch nicht stattgefunden haben kann. Die Eigentumsübertragung muss dann folglich nach dem ausländischen Recht erfolgen. Allerdings werden alle bereits zuvor stattgefundenen Vorgänge (hier also die Einigung) berücksichtigt, Art. 43 Abs. 3 EGBGB. Sollte die ausländische Rechtsordnung eine Eigentumsübertragung bereits

***

[171] *Mankowski*-Spindler/Wiebe, Kap. 11 Rn. 76.
[172] Unbeachtlich bleiben sog. Transitstaaten, welche keinen Bezug zu den Parteien oder der Sache haben und durch welche die Sache nur zufällig bzw. notgedrungen auf dem Transportweg gelangt.

mit Einigung annehmen,[173] geht das Eigentum folglich im Moment des Grenzübertritts auf den Käufer über.

Im umgekehrten Fall ist unter diesen Voraussetzungen die Eigentumsübertragung bereits im Ursprungsland mit der Einigung abgeschlossen. Wenn die Sache nun nach Deutschland gelangt, wäre das deutsche Recht des Eigentumserwerb anzuwenden, wonach eine Übergabe notwendig wäre. Eine Eigentumsübertragung wäre folglich noch nicht erfolgt, das rechtmäßig erworbene Eigentum würde wieder untergehen. Da dies aus Gründen der Rechtssicherheit nicht zu einem befriedigenden Ergebnis führt, muss die „neue" Rechtsordnung nach ganz einhelliger Meinung die unter dem alten Recht entstandenen Rechte anerkennen. Die Sache gelangt „mit der sachenrechtlichen Prägung, die ihr das bisherige Statut verliehen hat",[174] in den anderen Staat.[175]

6.3. Gerichtstand

Eine letzte Frage, die hinsichtlich internationaler Auktionen zu regeln ist, ist die des Gerichtstandes, also vor welchem Gericht welchen Landes gerichtliche Maßnahmen eingeleitet werden können. Im praktischen Ablauf muss diese Frage allerdings als erstes erörtert werden, da sich das anwendbare IPR nach dem Gerichtstand richtet.[176]

Die Festlegung des Gerichtstandes erfolgt aufgrund völkerrechtlicher Verträge, beispielsweise des EuGVÜ oder des LugÜ,[177] bei einer Beteiligung von Ländern der EU (mit Ausnahme Däne-

***

[173] So beispielsweise im englischen und französischen Recht. Vgl. v. Bernstorff, S. 83; Hübner/Constantinesco, S. 188.
[174] BGH, BGHZ 39, 173 (175).
[175] v. Hoffmann/Thorn, § 12 Rn. 30.
[176] *Mankowski*-Spindler/Wiebe, Kap. 12 Rn. 1.
[177] Eine Übersicht der Staaten, gegenüber welchen die Verträge jeweils gelten, findet sich in Jayme/Hausmann.

marks) aufgrund der EuGVVO[178] oder nach dem autonomen inländischen Recht, in Deutschland im Wesentlichen aufgrund der ZPO. Da das EuGVÜ bzw. LugÜ sowie die EuGVVO in weiten Teilen inhaltlich identisch sind, beziehen sich die folgenden Ausführungen vorrangig auf die Vorschriften der EuGVVO, da diese innerhalb Europas die größte Bedeutung hat. Lediglich wesentliche Unterschiede werden detailliert erläutert.

Da, wie bereits in den Ausführungen zum anwendbaren Recht ausgeführt, mit nur ganz wenigen Ausnahmen im Verhältnis zwischen Nutzer und Auktionsplattform kein internationaler Sachverhalt gegeben ist, wird auf Erörterungen hierzu verzichtet. Die folgenden Ausführungen beziehen sich daher nur auf das Verhältnis der Nutzer untereinander sowie anschließend auf die Problematik des Gerichtstandes bei Wettbewerbsverstößen.

6.3.1. Gerichtstandsvereinbarung

Wie beim anwendbaren Recht existiert auch hinsichtlich des Gerichtstandes der Grundsatz der Privatautonomie. Grundlage für die Gerichtstandsvereinbarung bilden insbesondere Art. 23 EuGVVO, Art. 17 EuGVÜ, Art. 17 LugÜ sowie § 38 ZPO, jeweils bei Wahl eines Gerichtes innerhalb des Geltungsbereichs.

Jedoch wird für einen Großteil der Verträge durch das auch im internationalen Zivilprozessrecht existierende Verbraucherschutzrecht dieser freien Rechtswahl bereits ein Riegel vorgeschoben. So sieht Art. 17 EuGVVO vor, dass durch Vereinbarung von den gesetzlichen Gerichtständen nur nachträglich, bei Wahlrecht zugunsten des Verbrauchers oder bei nach nationalem Recht zulässiger Wahl des Heimatgerichtstandes des Verbrauchers abgewichen werden kann. Die identische Beschränkung enthalten auch Art. 15 EuGVÜ sowie Art. 15 LugÜ. Gem. § 38 Abs. 1 ZPO sind Gerichtstandsvereinbarungen gar

***

[178] Sog. „Brüssel II-VO".

nur im Verhältnis zwischen Kaufleuten zulässig. Im Ergebnis macht daher eine Gerichtsstandsvereinbarung für den unternehmerischen Verkäufer bei Internetauktionen nur dann Sinn, wenn der Käufer mit einer gewissen Wahrscheinlichkeit kein Verbraucher sein wird. Genau dies ist allerdings bei Internetauktionen gewöhnlich der Fall. Trotzdem werden im Folgenden kurz die Regeln für die Gerichtsstandsvereinbarung erläutert.

Grundvoraussetzung für eine Anwendbarkeit des Art. 23 EuGVVO ist gem. dessen Abs. 1 S. 1, dass mindestens eine der Parteien ihren Sitz im Hoheitsgebiet eines Mitgliedstaates der EU[179] hat und ein internationaler Gerichtstand in einem Mitgliedstaat gewählt wird. Die Parteien können dabei auch ihren Sitz in dem gleichen Mitgliedstaat haben und eine beliebige internationale Gerichtsbarkeit wählen. Bei Wahl eines Gerichtes im eigenen Land bleibt allerdings die örtliche Zuständigkeit dem nationalen Zivilprozessrecht unterworfen.[180] Der deutsche Anbieter wird regelmäßig einen Gerichtstand in Deutschland wählen, so dass die EuGVVO einschlägig ist. Art. 23 Abs. 1 S. 3 EuGVVO bestimmt sodann die Formvorschriften für eine solche Vereinbarung.

Die schriftliche Vereinbarung scheidet bei Geschäften im Internet dabei grundsätzlich aus. Allerdings sind diesen schriftlichen Vereinbarungen gem. Abs. 2 „elektronische Übermittlungen, die eine dauerhafte Aufzeichnung […] ermöglichen", gleichgestellt. *Mankowski* sieht hierin eine Verwandtschaft mit dem Begriff des „dauerhaften Datenträgers" der Fernabsatzrichtlinie.[181] Danach wären folglich Gerichtsstandsvereinbarungen über Websites (AGB) nicht möglich.[182] Dies schränkt aber Art. 23 Abs. 2 EuGVVO zu sehr ein. Die Möglichkeit der „dauerhaften Aufzeichnung" ist nicht mit der Übermittlung eines „dauerhaften

***

[179] Im Zusammenhang mit der EuGVVO meint „Mitgliedstaat" alle Mitgliedstaaten mit Ausnahme Dänemarks.
[180] Geimer, Rn. 1646.
[181] *Mankowski*-Spindler/Wiebe, Kap. 12 Rn. 14.
[182] *Mankowski*-Spindler/Wiebe, Kap. 12 Rn. 14.

Datenträgers" vergleichbar. Während im Sinne der Fernabsatzrichtlinie der dauerhafte Datenträger bereits in dieser Form an den Empfänger übersandt werden muss, genügt es hinsichtlich der Gerichtstandsvereinbarung, dass der Empfänger diese dauerhaft aufzeichnen kann. So hat er bei der Darstellung der Gerichtstandsvereinbarung auf einer Website beispielsweise problemlos die Möglichkeit, diese Seite auszudrucken oder bei sich zu speichern.[183] Ausgeschlossen sind vielmehr solche Übermittlungsarten, die schon keine dauerhafte Darstellung ermöglichen. Zu denken ist hier u. a. an die elektronische Übertragung von Tönen oder die Abbildung der Vereinbarung in einem Lauftext.

Jedenfalls nicht wirksam ist eine solche Vereinbarung im Geltungsbereich des EuGVÜ oder LugÜ, da deren jeweilige Art. 17, welche ansonsten Art. 23 EuGVVO entsprechen, eine Sonderregelung für elektronische Übermittlungen nicht enthalten.

Die weiteren Optionen des Art. 23 Abs. 1 EuGVVO hinsichtlich der Formvorschriften haben für Internetauktionen (noch) keine Relevanz. Auf eine Gepflogenheit zwischen den Parteien kann man sich zumindest während der Auktionslaufzeit nicht berufen, da der Käufer nicht bekannt ist. Ebenso ist die Einführung von Gerichtstandsklauseln im Rahmen von Internetauktionen noch kein gefestigter Handelsbrauch.

Im Ergebnis ist daher im Geltungsbereich der EuGVVO eine Gerichtstandsklausel bei Internetauktionen grundsätzlich möglich, verliert allerdings bei Verbraucherverträgen (B-2-C) ihre Wirksamkeit. An den Inhalt sind keine besonderen Anforderungen gestellt. Es kann entweder pauschal die Gerichtsbarkeit eines Landes oder eine spezielle örtliche Zuständigkeit festgelegt werden.

***

[183] *Geimer*-Zöller, Art. 23 EuGVVO Rn. 14.

6.3.2. Allgemeiner Gerichtstand

Allgemeiner Gerichtstand ist grundsätzlich der Sitz des Beklagten, bei natürlichen Personen der Wohnsitz, bei Gesellschaften der Sitz des Unternehmens. Dies ergibt sich aus Art. 2 Abs. 1 EuGVVO bzw. EuGVÜ/LugÜ sowie § 12 i. V. m. §§ 13, 17 ZPO.

Der Gesellschaftssitz wird in Art. 60 EuGVVO autonom definiert als Ort des satzungsmäßigen Sitzes, der Hauptverwaltung oder der Hauptniederlassung. Im Gegensatz dazu bestimmt sich die Frage des Wohnsitzes natürlicher Personen gem. § 59 EuGVVO jeweils nach dem Recht des Staates, in welchem diese ihren Wohnsitz haben sollen. Ist also zu prüfen, ob eine Person, die in Deutschland verklagt wird, auch ihren Wohnsitz in Deutschland hat, muss dies gem. Art. 59 Abs. 1 EuGVVO über die §§ 7 ff. BGB ermittelt werden. Sollte dabei festgestellt werden, dass kein Wohnsitz in Deutschland existiert, ist als nächstes zu überprüfen, ob die Person einen Wohnsitz in einem weiteren Mitgliedstaat haben könnte. Hierfür ist dann gem. Art. 59 Abs. 2 EuGVVO das Recht dieses Mitgliedstaates anzuwenden.

Im Geltungsbereich des EuGVÜ bzw. des LugÜ gilt für natürliche Personen gem. Art. 52 EuGVÜ/LugÜ das soeben Gesagte. Hinsichtlich des Gesellschaftssitzes existiert allerdings keine autonome Regelung, vielmehr ist auch hier gem. Art. 53 Abs. 1 EuGVÜ/LugÜ das jeweilige nationale IPR – entsprechend den Vorschriften für natürliche Personen – anzuwenden. Innerhalb der EU bzw. des EWR ist hier im Anschluss an die EuGH-Rechtsprechung (Überseering[184], Inspire Art[185]) auf den Satzungssitz abzustellen.[186]

***

[184] EuGH, NJW 2002, 3614.
[185] EuGH, NJW 2003, 3331.
[186] *Mankowski*-Spindler/Wiebe, Kap. 12 Rn. 25.

6.3.3. Besondere Gerichtstände

6.3.3.1. Verbraucherverträge

Sowohl EuGVVO als auch EuGVÜ/LugÜ haben für Verbraucherverträge spezielle Vorschriften geschaffen. Im deutschen Zivilprozessrecht existieren solche – jedenfalls mit Relevanz für Internetauktionen – nicht.

Art. 15 Abs. 1 lit. c) EuGVVO bestimmt für die Anwendbarkeit dieser Vorschriften, dass zum einen ein Verbrauchervertrag vorliegen muss und zum anderen der Unternehmer im Mitgliedstaat, in welchem der Verbraucher seinen Wohnsitz hat, eine berufliche bzw. gewerbliche Tätigkeit ausübt oder (auch) auf diesen ausrichtet, und der Vertrag hieraus entsteht. Eine solche Ausrichtung ist grundsätzlich immer gegeben, es sei denn, sie ist ausdrücklich ausgeschlossen. Weitere Voraussetzung ist, dass der Unternehmer seinen Sitz (Art. 4 Abs. 1 EuGVVO) bzw. zumindest eine Niederlassung (Art. 15 Abs. 2 EuGVVO) in einem Mitgliedstaat hat.

Rechtsfolge der Anwendbarkeit von Art. 15 EuGVVO ist, dass der Verbraucher sowohl passiv (Art. 16 Abs. 2 EuGVVO) als auch aktiv (Art. 16 Abs. 1 EuGVVO) einen Heimatgerichtstand hat. Der passive Gerichtstand ist dabei ausschließlich, der aktive Gerichtstand optional. Wie bereits dargestellt, führen abweichende Gerichtsstandsvereinbarungen i. d. R. zu keinem anderen Ergebnis, da sie – mit Ausnahme der strengen Einschränkungen gem. Art. 17 EuGVVO – unwirksam sind.[187]

Art. 13 bis 15 EuGVÜ/LugÜ regeln für deren örtlichen Anwendungsbereich die Sachverhalte recht ähnlich. Auch wenn Art. 13 Abs. 1 Nr. 3 EuGVÜ/LugÜ gegenüber dem entsprechenden Art.

***

[187] *Mankowski*-Spindler/Wiebe, Kap. 12 Rn. 53.

15 Abs. 1 lit. c) EuGVVO einen eingeschränkten situativen Anwendungsbereich hat, spielt dies für den Bereich der Internetauktionen keine Rolle. Art. 13 Abs. 1 Nr. 3 EuGVÜ/ LugÜ orientiert sich insoweit unmittelbar an Art. 29 Abs. 1 Nr. 1 EGBGB. Erforderlich ist also ein vorhergehendes Angebot oder eine Werbung im Staat des Wohnsitzes des Verbrauchers. Dass dies bei Internetauktionen grundsätzlich gegeben ist, wurde bereits weiter oben ausführlich ausgearbeitet.[188] Die Rechtsfolgen sind mit denen der EuGVVO identisch, so dass der Verbraucher auch hier einen aktiven und passiven Gerichtstand im eigenen Land hat.

6.3.3.2. Gerichtstand des Erfüllungsorts

Art. 5 Abs. 1 lit. a) EuGVVO eröffnet für Klagen gegen Personen, die ihren Wohnsitz in einem Mitgliedstaat haben, einen weiteren Gerichtstand am Erfüllungsort des Vertrages. In Art. 5 Abs. 1 lit. b) EuGVVO wird sodann der Begriff des Erfüllungsorts, wenn er nicht vertraglich bestimmt ist, autonom definiert. Danach ist es bei Verkauf beweglicher Sachen der Ort in einem Mitgliedstaat, an welchen die Sache vertragsgemäß geliefert wurde oder hätte geliefert werden müssen, bei Dienstleistungen der Ort in einem Mitgliedstaat, in welchem sie erbracht wurde oder hätte erbracht werden müssen. Der Ort der Leistungserbringung muss also in einem Mitgliedstaat liegen, was allerdings i. d. R. unproblematisch ist, da auch der Vertragspartner gem. lit. a) seinen Wohnsitz in einem Mitgliedstaat haben muss, die Leistung bei Internetauktionen in der Regel aber dort erfüllt wird, wo sich der Käufer befindet.

Daraus folgt, dass sowohl für die Klage auf Lieferung als auch für die Zahlungsklage das Gericht des Ortes, an welchen die Ware geliefert wurde oder hätte geliefert werden müssen, zu-

***

[188] Vgl. Kap. 5.2.3.3.

ständig ist.[189] Beim Versendungskauf, welcher bei Internetauktionen in der Regel vorliegt, ist dabei auf den Sitz des Verkäufers abzustellen, da der Versand regelmäßig von dort erfolgt.[190]

Wie sich aus dem ersten Halbsatz von lit. b) ergibt, kann der Erfüllungsort auch vertraglich vereinbart werden.[191] Die Vereinbarung bedarf keiner besonderen Form,[192] der vereinbarte Ort muss allerdings einen tatsächlichen Bezug zur Leistung haben. Anderenfalls wäre die Vereinbarung als verkappte Gerichtstandsvereinbarung, für welche die o. g. strengen Formvorschriften gelten, bei Nichteinhaltung unwirksam.[193]

Ist der Erfüllungsort weder vertraglich bestimmt noch gem. lit. b) ermittelbar, weil er beispielsweise nicht in einem Mitgliedstaat liegt, verweist lit. c) zurück auf die Grundnorm des lit. a). In diesem Fall hat der Kläger die Möglichkeit, den besonderen Gerichtstand des Erfüllungsorts über die Auslegung dieses Begriffes nach dem anzuwendenden materiellen Recht zu erreichen.[194] Da die autonome Definition nicht greift, besteht auch kein einheitlicher Gerichtstand, d. h. die zuständigen Gerichte bei Klage auf Lieferung und Zahlungsklage fallen auseinander.[195]

Wie bereits angesprochen, enthält Art. 5 Nr. 1 EuGVÜ/LugÜ grundsätzlich eine mit der EuGVVO identische Regelung, allerdings ohne autonome Definition des Erfüllungsortes. Gerichtstand ist daher wie bei Art. 5 Nr. 1 lit. a) i. V. m. lit. c)

***

[189] *Mankowski*-Spindler/Wiebe, Kap. 12 Rn. 28.
[190] *Leible*-Leible/Sosnitza, Rn. 992.
[191] Bücker, S. 220.
[192] *Mankowski*-Spindler/Wiebe, Kap. 12 Rn. 38. Anders: Eltzschig, IPRax 2002, 491 (493) und daran anschließend Bücker, S. 221, welche die strengen Formvorschriften des Art. 23 EuGVVO anwenden möchte.
[193] *Mankowski*-Spindler/Wiebe, Kap. 12 Rn. 38; *Leible*-Leible/Sosnitza, Rn. 997.
[194] *Mankowski*-Spindler/Wiebe, Kap. 12 Rn. 36.
[195] *Mankowski*-Spindler/Wiebe, Kap. 12 Rn. 35.

EuGVVO an dem Ort, an welchem die jeweilige Verpflichtung erfüllt wurde oder hätte erfüllt werden müssen.

Sind beide Vertragsparteien in Deutschland ansässig und ergibt sich auch ein deutscher Gerichtsstand, ist § 29 Abs. 2 ZPO einschlägig, wonach eine Erfüllungsortvereinbarung nur zwischen Kaufleuten einen besonderen Gerichtsstand begründet. Eine entsprechende Vereinbarung in AGB würde daher regelmäßig ins Leere laufen, da ein Großteil der Verträge mit Verbrauchern geschlossen wird.

6.3.3.3. Gerichtstand des Vermögens

Gem. § 23 S. 1 ZPO können Personen, die in Deutschland keinen Wohnsitz haben, wegen vermögensrechtlichen Ansprüchen an dem Ort verklagt werden, an welchem sich Vermögen des Beklagten befindet. Unter den Vermögensbegriff fallen auch Forderungen des Beklagten gegen in Deutschland ansässige Schuldner, § 23 Abs. 1 S. 2 ZPO. Die Rechtsprechung fordert zwar entgegen dem Wortlaut des Gesetzes einen weiteren Inlandsbezug, welcher allerdings bereits durch einen dauernden Aufenthalt oder Wohnsitz des Klägers in Deutschland gegeben ist.[196] Auch die deutsche Staatsangehörigkeit von Kläger oder Beklagtem wird für einen Inlandsbezug als ausreichend angesehen.[197]

Dieser Gerichtsstand ist allerdings im Geltungsraum der EuGVVO, des EuGVÜ und des LugÜ, jeweils gem. Art. 3 Abs. 2, ausgeschlossen. Insoweit ist die Bedeutung für einen großen Teil der Geschäftsbeziehungen erheblich eingeschränkt. Auf der anderen Seite wirkt die Regelung insbesondere in den Fällen, in welchen eine Klage Schwierigkeiten bereiten würde, z. B. bei Vertragspartnern in Übersee.

***

[196] BGH, NJW 1997, 324 (325); *Vollkommer-Zöller*, § 23 Rn. 1; *Mankowski-Spindler/Wiebe*, Kap. 12 Rn. 41.
[197] Geimer, Rn. 1353.

6.3.4. Gerichtstand bei Wettbewerbsstreitigkeiten

6.3.4.1. Allgemeiner Gerichtstand

Auch für wettbewerbsrechtliche Streitigkeiten existiert grundsätzlich der allgemeine Gerichtstand, welcher bereits in Pkt. III.2. erörtert wurde. Danach ist auch das Gericht des Ortes zuständig, an welchem der Beklagte seinen Wohnsitz bzw. Geschäftssitz hat. Zum gleichen Ergebnis kommt auch der für Wettbewerbsverstöße nach deutschem Recht regelmäßig einschlägige § 14 Abs. 1 UWG.

6.3.4.2. Einstweiliger Rechtschutz

In der Regel werden aufgrund der besonderen Dringlichkeit wettbewerbsrechtliche Ansprüche (zunächst) im Wege des einstweiligen Rechtschutzes durchgesetzt. § 31 EuGVVO sowie § 24 EuGVÜ/LugÜ verweisen insoweit zusätzlich auf das Zuständigkeitsrecht des Mitglied- bzw. Vertragstaates, in welchem der Anspruch geltend gemacht werden soll. Vor deutschen Gerichten erlangt diese Regelung regelmäßig keine besondere Bedeutung, da sowohl der allgemeine als auch der besondere Deliktsgerichtstand[198] des deutschen Rechts nicht von den Gerichtständen in EuGVVO, EuGVÜ oder LugÜ abweicht. Lediglich der in Hauptsacheverfahren gem. Art. 3 Abs. 2 EuGVVO/EuGVÜ/LugÜ nicht anwendbare Gerichtstand des Vermögens (§ 23 S. 1 ZPO) könnte zusätzlich anwendbar sein. Jedoch verlangt der EuGH eine „reale Verbindung" zwischen dem Gegenstand des Eilverfahrens und der konkreten Zuständigkeits-

***

[198] Vgl. hierzu den folgenden Pkt. 3.

norm.[199] Hierfür genügt die bloße Belegenheit von Vermögen im Staat des angerufenen Gerichts nicht, so dass § 23 S. 1 ZPO in Eilverfahren lediglich dann anwendbar ist, wenn sich die Maßnahme unmittelbar auf das in Deutschland belegene Vermögen bezieht (beispielsweise Arrest).[200]

6.3.4.3. Deliktsgerichtstand

Gem. Art. 5 Nr. 3 EuGVVO kann eine Person/Gesellschaft mit Sitz in einem Mitgliedstaat bei unerlaubten Handlungen auch vor einem Gericht des Ortes, an welchem das schädigende Ereignis eingetreten ist oder – im Wettbewerbsrecht noch wichtiger – einzutreten droht, verklagt werden. Hierzu zählen unzweifelhaft auch Wettbewerbsverstöße.[201]

Ort des Schadenseintritts sind allgemein sowohl Handlungs- als auch Erfolgsort.[202] Handlungsort ist dabei in der Regel der Sitz der Niederlassung, welche die Wettbewerbshandlung veranlasst hat.[203] Dabei wird folglich in den meisten Fällen neben dem allgemeinen kein weiterer Gerichtsstand begründet. Erfolgsort ist auf der anderen Seite der Ort, an welchem der Wettbewerb stattfindet.[204] Dies ist im Internet und insbesondere bei Internetauktionen grundsätzlich weltweit, falls keine ausdrückliche oder konkludente Einschränkung im Angebot enthalten ist.[205] Dabei soll allerdings, in Anlehnung an das für Pressedelikte

***

[199] EuGH, RIW 1999, 776 (780).
[200] *Vollkommer*-Zöller, § 23 Rn. 4.
[201] *Mankowski*-Spindler/Wiebe, Kap. 12 Rn. 61, mit unfangreichen weiteren Nachweisen.
[202] *Mankowski*-Spindler/Wiebe, Kap. 12 Rn. 62.
[203] *Mankowski*-Spindler/Wiebe, Kap. 12 Rn. 63.
[204] *Mankowski*-Spindler/Wiebe, Kap. 12 Rn. 64; Behr, GRUR Int. 1992, 604 (607).
[205] Vgl. die entsprechenden Ausführungen zum anwendbaren Recht, Kap. 5.2.3.3.

geltende „Mosaikprinzip", am jeweiligen Gerichtstand nur der Schaden eingeklagt werden, welcher konkret an diesem Erfolgsort eingetreten ist. Allerdings ist bei Internetauktionen eine wettbewerbsrechtliche Klage i. d. R. auf Unterlassung gerichtet, so dass die Bedeutung des „Mosaikprinzips" nur gering ist.

Art. 5 Nr. 3 EuGVÜ/LugÜ sind vom Wortlaut dem Art. 5 Nr. 3 EuGVVO ähnlich, enthalten allerdings nicht den Passus des „drohenden Schadenseintritts". Daraus würde folgen, dass für einen Gerichtstand am Erfolgsort bereits ein tatsächlicher Schaden eingetreten sein und dieser folglich auch bewiesen werden muss. Dies wäre bei Wettbewerbsverstößen regelmäßig unmöglich. Daher möchte ein bedeutender Teil der Literatur auch hier den besonderen Gerichtstand für vorbeugende Unterlassungsklagen zulassen.[206] Begründet wird dies u. a. damit, dass es sich bei der entsprechenden Formulierung um eine „legislative Zufälligkeit" handele, die aus der Übernahme des Wortlauts nationaler Vorschriften entstand.[207] Damit sollte aber keineswegs die Möglichkeit der vorbeugenden Unterlassungsklage am Erfolgsort ausgeschlossen werden. Eine Nichtzulassung dieser Unterlassungsklagen hätte für den Geltungsbereich des EuGVÜ bzw. LugÜ erhebliche Folgen, da dadurch der besondere Gerichtstand des Erfolgsorts für Wettbewerbssachen faktisch keine Bedeutung mehr hätte.

Gelangt man mangels Anwendbarkeit von EuGVVO, EuGVÜ und LugÜ in das deutsche Zuständigkeitsrecht, erlangt insbesondere § 14 Abs. 2 UWG Bedeutung. Danach ist für Ansprüche aus dem UWG neben dem Gericht am Sitz des Beklagten nur das Gericht zuständig, in dessen Bezirk die Handlung begangen wurde. Für Verbandsklagen (Anspruchsberechtigte gem. § 8 Abs. 3 Nr. 2 bis 4 UWG) gegen Beklagte mit Sitz in Deutschland ist dieser Gerichtstand allerdings ausgeschlossen. Diese beiden Gerichtstände sind ausschließlich, so dass Gerichtstandsverein-

***
[206] Behr, GRUR Int. 1992, 604 (607); *Mankowski*-Spindler/Wiebe, Kap. 12 Rn. 61; Schack, MMR 2000, 135 (137).
[207] Behr, GRUR Int. 1992, 604 (607).

barung oder rügeloses Einlassen nicht möglich sind.[208] Handlungsort ist dabei nicht nur der Ort, an dem der Unternehmer tatsächlich handelte, sondern ebenso der Erfolgsort, also der Ort, an welchem sich der Wettbewerbsverstoß verwirklicht.[209] Bei Internetauktionen kommt somit jeder Ort, an welchem die entsprechende Angebotsseite abgerufen werden konnte, in Frage.[210]

6.3.4.4. Gerichtstandvereinbarung

Eine Gerichtstandsvereinbarung im wettbewerbsrechtlichen Verfahren ist grundsätzlich im Voraus nicht möglich, da kein Vertragsverhältnis zwischen den Parteien besteht oder entsteht. Sie kann folglich erst dann geschlossen werden, wenn eine Partei einen Wettbewerbsverstoß geltend macht. Die Bedeutung für Internetauktionen ist insoweit stark eingeschränkt.

Im Anwendungsbereich der EuGVVO bzw. des EuGVÜ/LugÜ ist eine solche Vereinbarung unter Maßgabe des bereits unter. Pkt. III.1. Gesagten problemlos möglich. Demgegenüber scheidet sie im Anwendungsbereich des UWG wegen der Ausschließlichkeit des § 14 UWG gem. § 40 Abs. 2 S. 1 Nr. 2 ZPO aus.[211]

6.3.5. Schiedsgerichtsvereinbarungen

Schiedsgerichtsvereinbarungen spielen bisher bei Internetauktionen nur eine sehr untergeordnete Rolle. Von den untersuchten AGB der nationalen eBay-Plattformen enthält lediglich die US-amerikanische Plattform die Möglichkeit eines Schiedsverfah-

---

***

[208] *Köhler*-Baumbach/Hefermehl, § 14 UWG Rn. 1.
[209] *Köhler*-Baumbach/Hefermehl, § 14 UWG Rn. 14.
[210] *Köhler*-Baumbach/Hefermehl, § 14 UWG Rn. 16.
[211] *Mankowski*-Spindler/Wiebe, Kap. 12 Rn. 68.

rens bei Streitigkeiten zwischen Nutzer und Plattform. Auch Verkäufer machen nur in den seltensten Fällen von der Möglichkeit einer Schiedsgerichtsvereinbarung Gebrauch, zumal meist Verträge mit Verbrauchern angestrebt werden, für diese allerdings eine Anwendbarkeit von Schiedsgerichtsklauseln nicht unumstritten ist.[212]

6.4. Gestaltungsvorschläge

Auch für dieses letzte Kapitel werden nachfolgend einige Klauseln vorgestellt, die der Verkäufer, welcher einen internationalen Verkauf zumindest möglich macht, in seine Vertragsbedingungen aufnehmen kann.

6.4.1. Rechtswahl

Die Wahl des anwendbaren Rechts sollte in einer Internetauktion mit möglicherweise internationaler Beteiligung niemals fehlen, auch wenn diese jedenfalls im B-2-C-Bereich eingeschränkt ist:

Alle Ansprüche aus diesem Vertrag unterliegen deutschem Recht unter Ausschluss des CISG.

Auch wenn nach herrschender Ansicht das CISG ohnehin ausgeschlossen ist, schadet doch ein zusätzlicher ausdrücklicher Ausschluss nicht. Ein Hinweis darauf, dass bei B-2-C-Verträgen der Verbraucher die Schutzvorschriften seines Heimatlandes behält, ist nicht erforderlich.

***

[212] Vgl. *Mankowski*-Spindler/Wiebe, Kap. 12 Rn. 6 ff.

6.4.2. Disclaimer

Wie erläutert, ist der Ausschluss von Bietern aus bestimmten Ländern durchaus sinnvoll, um nicht in eine ausufernde wettbewerbsrechtliche Haftung zu geraten.

Die Auktion ist offen für Bieter aus den folgenden Ländern: [Aufzählung]. Bieter aus anderen Ländern sind von dieser Auktion ausgeschlossen.

Durch diesen Disclaimer wird die internationale Ausrichtung des Angebots jedenfalls mitbestimmt. Notwendig ist insbesondere, dass der Disclaimer eingehalten wird, also tatsächlich mit Bietern aus den ausgeschlossenen Ländern nicht kontrahiert wird. Zum anderen sollten auch keine anderen Informationen im Angebot im Gegensatz zu dem Disclaimer stehen. Beispiele hierfür sind die Informationen hinsichtlich der Versandkosten, die teilweise nach Zielländern differenziert angegeben werden können sowie die in der Maske der Angebotsseite zwingend enthaltene Angabe, wohin versandt wird. Häufig wird hier die Option „weltweit" ausgewählt, welche allerdings der Aussage im Disclaimer entgegenstehen würde. Bei Auswahl dieser Option wäre daher der Disclaimer hinfällig. Daher sollte die zwingende Angabe zu den Lieferorten in der Maske so weit wie möglich eingeschränkt werden.

6.4.3. Umsatzsteuer im internationalen Handel

Aus dem Umsatzsteuergesetz ergibt sich schließlich eine weitere Problematik, welche international agierende Verkäufer vertraglich lösen muss. Während Umsätze an Verbraucher innerhalb der EG mit Umsatzsteuer belegt sind,[213] welche der Unterneh-

***
[213] Dies ergibt sich aus dem Umkehrschluss von § 4 S. 1 Nr. 1 lit. b) i. V. m. § 6a Abs. 1 S. 1 Nr. 2 UStG, wonach für eine Steuerbefreiung der Abnehmer Unternehmer sein muss.

mer an das Finanzamt abführen muss, sind Ausfuhrlieferungen in Drittstaaten steuerfrei (§ 4 S. 1 Nr. 1 lit. a) UStG). Diese werden regelmäßig erst bei Einfuhr in das Drittland mit einer Einfuhrumsatzsteuer belegt, welche der Käufer direkt an die Finanzbehörden seines Heimatstaates abführen muss. Bei einer Verpflichtung zur Angabe von Bruttopreisen ergeben sich für den Verkäufer dadurch kalkulatorische Unwägbarkeiten. Denn selbst das Anbieten eines Artikels auf der Plattform eines Drittstaates schützt ihn nicht davor, dass der Käufer aus dem Gebiet der EG kommt. Da der Auktionspreis allerdings grundsätzlich einen Bruttopreis darstellt, ergeben sich Abweichungen bei dem tatsächlichen Erlös.

Aufgrund dieser Abweichung sowie der Unsicherheit, ob der Umsatz steuerpflichtig oder steuerfrei ist, könnte der Unternehmer folgende Klausel in seine Auktionsbeschreibung aufnehmen:

Käufer aus dem Bereich der Europäischen Gemeinschaft müssen auf den Endpreis 19 % Umsatzsteuer (VAT[214]) zahlen.

Ergebnis dieser Klausel ist es, dass sich die Höhe des Erlöses nicht unterscheidet, unabhängig davon, aus welchem Land der Käufer kommt. Die rechtliche Zulässigkeit wird in zwei Konstellationen untersucht: Zum einen bei Artikeln, welche über die Plattform eines EG-Staates eingestellt wurden, zum anderen bei Artikeln auf der Plattform eines anderen Staates.

Für die erste Alternative wird ein Artikelangebot auf der deutschen eBay-Plattform angenommen. Ein Drittstaat, aus dem ein Käufer mit nicht geringer Wahrscheinlichkeit kommen könnte, ist in diesem Beispiel die Schweiz. Dass die Preise nach deutschem Preisangaberecht bei Internetauktionen grundsätzlich auch gegenüber Verbrauchern als Nettopreise angegeben werden können, wurde bereits dargestellt. Ebenso wurde aller-

***

[214] Value Added Tax; entspricht dem Begriff der Umsatz- bzw. Mehrwertsteuer.

dings dargestellt, dass dem die AGB von eBay entgegenstehen.[215] Gegen die obige Klausel könnte folglich der Plattformbetreiber beispielsweise durch Löschung der Auktion vorgehen. In dieser Konstellation fehlt es zudem an einer Schutzwürdigkeit des Verkäufers. Durch die Wahl der deutschen Plattform zeigt er vielmehr an, dass er einen Verkauf innerhalb des EG-Raumes anstrebt. Folglich muss seine Kalkulation auf einen Preis ausgerichtet sein, der die abzuführende Umsatzsteuer bereits enthält. Bei Verkauf des Artikels auf der Plattform eines EG-Staates sollte die obige Klausel folglich nicht genutzt werden.

Sinnvoll erscheint stattdessen die folgende Formulierung:

Käufern aus Staaten außerhalb der EG wird die im Preis enthaltene Umsatzsteuer von 19 % nicht berechnet.

Folge ist auch hier, dass im Ergebnis der Erlös bei beiden Käuferarten gleich bleibt. Sinnvoll ist so eine Gestaltung für den Verkäufer allerdings meines Erachtens nicht, da bei Käufern aus Drittländern ohne diese Klausel der Erlös sogar höher wäre als geplant.

Bei der zweiten zu untersuchenden Alternative wird der Artikel vom deutschen Anbieter bei US-amerikanischen Plattform eBay.com angeboten. Die Auktion richtet sich folglich insbesondere an Käufer aus Drittländern. Die AGB von eBay.com schreiben in diesem Zusammenhang auch nicht die Angabe eines Endpreises vor. Stattdessen ist es – nicht nur bei Geschäften im Internet – üblich, dass Verkaufspreise exklusive der sog. „sales tax"[216] ausgewiesen werden. Hinzu kommt, dass die „sales tax" bei Fernabsatzgeschäften nur von solchen Käufern zu zahlen ist, die im selben Bundesstaat wie der Verkäufer leben. Eine typische Klausel lautet:

Sales Tax: 6 % will apply to all State of Florida Transactions.

***

[215] Vgl. Kap. 4.3.
[216] Diese entspricht in ihrem Gehalt der deutschen Umsatzsteuer.

Eine nahezu identische Konstellation ist auch bei Käufern aus EG-Staaten gegeben, wie bereits weiter oben erläutert wurde.

Schließlich muss jedoch noch das Wettbewerbsrecht der Märkte beachtet werden, die betroffen sind. Da innerhalb der EG das Herkunftslandprinzip gilt und sich die Klausel lediglich auf EG-Staaten auswirkt, muss der deutsche Verkäufer folglich nur das deutsche Wettbewerbsrecht beachten. Nach diesem ist eine Nettopreisangabe bei Internetauktionen möglich, so dass die Klausel im Ergebnis wirksam ist.

Insbesondere erleidet der Verbraucher hieraus auch keine Nachteile, da er beim Kauf auf der Plattform eines Drittlandes ohnehin damit rechnen muss, dass er spätestens bei Einfuhr im Wege der sog. Einfuhrumsatzsteuer (§ 1 Abs. 1 Nr. 4 UStG) diesen Aufschlag zahlen muss.

Zum Schluss darf der Verkäufer allerdings nicht außer Acht lassen, dass es sich bei dieser Klausel durchaus um ein zweischneidiges Schwert handelt. Denn das Ergebnis der Gleichstellung der Erlöse wird mit einer möglichen Abschreckung europäischer Käufer erreicht, welche aufgrund der scheinbar höheren Preise u. U. für diesen Artikel keine Gebote abgeben werden. Dies kann zu einem geringeren Bietgefecht und dadurch im Ergebnis auch zu einem niedrigeren Endpreis führen. Je nach Art der Waren muss der Verkäufer hier folglich genau abwägen, ob er eine solche Klausel einsetzt oder nicht.

6.4.4. Gerichtstandswahl

Wie dargestellt wurde, sind die Möglichkeiten einer wirksamen Gerichtstandsvereinbarung massiv eingeschränkt. Im Hinblick auf die Wirksamkeit gegenüber europäischen Verbrauchern empfiehlt es sich daher, die Gerichtstandsvereinbarung mit einer Vereinbarung über den Erfüllungsort zu verbinden, um ggf. die strengen Formvorschriften zu umgehen.

Erfüllungsort ist X-Stadt als Ort der Absendung der Ware [= Sitz des Unternehmers].

Damit würde zumindest ein zusätzlicher Gerichtstand geschaffen werden, der seinerseits allerdings die gesetzlichen nicht verdrängen kann.

Besteht zumindest die theoretische Möglichkeit, dass der Vertragspartner ein Unternehmer sein könnte, sollte vorsorglich noch eine ausschließliche Gerichtstandsvereinbarung in die Angebotsbeschreibung einbezogen werden. Diese hätte zwar bei privaten Käufern keine Bedeutung, wohl aber bei einem unternehmerischen.

Ausschließlicher Gerichtstand für sämtliche Ansprüche aus diesem Vertrag ist X-Stadt [Sitz des Verkäufers].

7. Zusammenfassung und Ausblick

Diese Untersuchung zeigt, dass trotz inzwischen mehrerer Urteile des BGH die Rechtslage für verschiedene Fragen hinsichtlich Internetauktionen weiterhin nicht eindeutig ist. Auf der anderen Seite haben sich allerdings für andere Streitpunkte die Wogen mittlerweile geglättet und es hat sich eine herrschende Meinung gebildet.

So besteht hinsichtlich des grundsätzlichen Vertragsschlusses und insbesondere hinsichtlich der Verbindlichkeit der Angebote mittlerweile weitestgehend Einigkeit. Das Angebot eines Verkäufers ist grundsätzlich verbindlich. Eine Rücknahme während der Laufzeit, geschweige denn nach Ablauf der Auktionsdauer, ist ohne Hinzutreten weiterer Umstände nicht möglich.

Doch schon hier gibt es Streit, inwiefern solche Umstände durch Bedingungen des Verkäufers hinzutreten und so die AGB der Plattformbetreiber verdrängen können. Dass dies ohne weiteres möglich ist, wurde ausführlich dargestellt. Der Verkäufer hat es also durch eine entsprechende Gestaltung seiner Auktionsbedingungen in der Hand, wie weit seine Bindung an das Angebot geht.

In diesem Zusammenhang wurde darauf aufmerksam gemacht, dass die tatsächlichen Darstellungen im System der Auktionsplattform nicht immer mit der Rechtswirklichkeit übereinstimmen. Insofern wäre es dringend angezeigt, dass die Plattformen diese Abläufe so umgestalten, dass diese Diskrepanzen nicht mehr auftreten.

Weiterhin wurden im Zuge der Untersuchung die umfangreichen Informationspflichten des unternehmerischen Verkäufers gegenüber den Verbrauchern dargestellt. Dabei wurde darauf eingegangen, welche Informationen der Unternehmer tatsächlich weitergeben muss und wie dies am günstigsten bewerkstelligt werden kann.

Im Rahmen der Ausführungen zum Fernabsatzrecht wurde insbesondere das Bestehen bzw. Nichtbestehen eines Widerrufsrechts der Verbraucher diskutiert. Es wurde dargelegt, welche Erwägungen mit dem Gesetzentwurf verbunden waren und wie diese gerade nicht umgesetzt wurden. Es wurden der Streitstand vor dem BGH-Urteil sowie die nachfolgende Diskussion ausführlich dargestellt. In diesem Zusammenhang wurde auch ausgeführt, wie es der BGH unterlassen hat, die fehlerhafte Gesetzgebung zu korrigieren. Das Bestehen eines Widerrufsrechts könnte erheblichen Einfluss auf die Zukunft von Internetauktionen haben, wenn die Verbraucher dieses strategisch ausnutzen. Bisher ist dies allerdings glücklicherweise noch nicht zu erkennen.

Ebenso wurde hinsichtlich der Gefahrtragungspflicht dargelegt, dass der Unternehmer die durch die Abkehr vom Versendungskauf entstehende Belastung grundsätzlich an den Verbraucher zurückgeben kann, wenn dieser darauf verzichtet. Ob diese bestehende Möglichkeit allerdings der „Verbraucherrechtsprechung" des BGH und der Instanzgerichte standhält, wird die Zukunft zeigen.

Schließlich wurde der besonderen Internationalität von Internetauktionen Rechnung getragen und die Bestimmung des anwendbaren Rechts und der Gerichtstände erläutert. Es wurde erläutert, wie sich der Unternehmer allumfassenden internationalen wettbewerbsrechtlichen Ansprüchen entziehen kann, indem er sein Angebot auf bestimmte Länder bzw. Gebiete einschränkt.

Als Ergebnis lässt sich festhalten, dass der unternehmerische Verkäufer der Gestaltung seiner Auktionen die gebührende Aufmerksamkeit widmen sollte. Da sich die Klauseln grundsätzlich immer wieder verwenden lassen, genügt hier ein einmaliger Aufwand. Aufgrund der Rechtsfolgen müssen dabei insbesondere die Informationspflichten so genau wie möglich erfüllt werden. Durch die Formulierung entsprechender weitergehender Klauseln sollte der Verkäufer seine jeweiligen Interessen – welche insbesondere durch die AGB der meisten Auktionshäuser nur sehr unzureichende berücksichtigt werden – entsprechend stärken. Vorschläge, wie dies geschehen kann, wurden in den jeweiligen Kapiteln erläutert.

8. Quellen

8.1. Rechtsprechung

EuGH	C-391/95	Urt. v. 17.11.1998	RIW 1999, 776
EuGH	C-208/00	Urt. v. 05.11.2002	NJW 2002, 3614
EuGH	C-167/01	Urt. v. 30.09.2003	NJW 2003, 3331
RG	I 254/06	Urt. v. 12.01.1997	RGZ 65, 86
BGH	V ZR 40/60	Urt. v. 14.12.1960	BGHZ 34, 32
BGH	VIII ZR 130/61	Urt. v. 30.03.1963	BGHZ 39, 173
BGH	VIII ZR 50/80	Urt. v. 26.11.1980	NJW 1981, 1204
BGH	VIII ZR 186/81	Urt. v. 20.10.1982	NJW 1983, 1186
BGH	IX ZR 66/83	Urt. v. 07.06.1984	NJW 1984, 2279
BGH	VIII ZR 135/87	Urt. v. 08.06.1988	NJW 1988, 2597
BGH	XI ZR 261/95	Urt. v. 22.10.1996	NJW 1997, 324
BGH	V ZR 197/97	Urt. v. 24.04.1998	NJW 1998, 2350
BGH	VIII ZR 13/01	Urt. v. 07.11.2001	NJW 2002, 363
BGH	VIII ZR 302/02	Urt. v. 16.07.2003	NJW 2003, 3341
BGH	VIII ZR 375/03	Urt. v. 03.11.2004	NJW 2005, 53
BGH	III ZB 36/04	Beschl. v. 24.02.2005	NJW 2005, 1273
KG	5 U 9586/00	Urt. v. 11.05.2001	NJW 2001, 3272
KG	17 U 72/04	Beschl. v. 25.01.2005	NJW 2005, 1053
KG	5 W 156/06	Beschl. v. 18.07.2006	NJW 2006, 3215
OLG Düsseldorf	26 Sch 5/04	Beschl. v. 04.05.2004	NJW 2004, 3192
OLG Frankfurt/M.	11 U 18/04 (Kart)	Urt. v. 15.06.2004	NJW 2004, 2098

OLG Frankfurt/M.	6 W 122/98	Beschl. v. 03.12.1998	K & R 1999, 138
OLG Hamm	2 U 58/00	Urt. v. 14.12.2000	NJW 2001, 1142
OLG Hamm	20 U 222/03	Urt. v. 17.03.2004	NJW-RR 2004, 1045
OLG Hamm	4 U 2/05	Urt. v. 14.04.2005	NJW 2005, 2319
OLG Koblenz	5 U 1145/05	Beschl. v. 17.10.2005	K & R 2006, 48
OLG Oldenburg	8 U 93/05	Urt. v. 28.07.2005	NJW 2005, 2556
LG Berlin	103 O 149/01	Urt. v. 09.11.2001	CR 2002, 371
LG Berlin	4 O 293/04	Urt. v. 20.07.2004	NJW 2004, 2831
LG Coburg	22 O 43/04	Urt. v. 06.07.2004	MMR 2005, 330
LG Hamburg	315 O 144/99	Urt. v. 14.04.1999	MMR 1999, 678
LG Hamburg	312 O 753/04	Urt. v. 04.01.2005	MMR 2005, 326
LG Hof	22 S 10/02	Urt. v. 26.04.2002	MMR 2002, 760
LG Memmingen	1H O 1016/04	Urt. v. 23.06.2004	NJW 2004, 2389
LG Münster	4 O 424/99	Urt. v. 21.01.2000	MMR 2000, 280
LG Wiesbaden	13 O 132/99	Urt. v. 13.01.2000	NJW-CoR 2000, 171
AG Bad Hersfeld	10 C 153/04	Urt. v. 22.03.2004	MMR 2004, 500
AG Detmold	7 C 117/04	Urt. v. 27.04.2004	CR 2004, 859
AG Kehl	4 C 716/01	Urt. v. 19.04.2002	NJW-RR 2003, 1060
AG Menden	4 C 183/03	Urt. v. 10.11.2003	MMR 2004, 502
AG Osterholz-Scharmbeck	3 C 415/02	Urt. v. 23.08.2002	ITRB 2003, 239

8.2. Literatur

Ahrens, Hans-Jürgen	**Das Herkunftslandprinzip in der E-Commerce-Richtlinie** CR 2000, 835.
Aigner, Dietmar/ **Hofmann,** Dietrich	**Fernabsatzrecht im Internet** Verlag C.H. Beck, München 1. Auflage (2004).
Baumbach/Hefermehl	**Wettbewerbsrecht** Verlag C.H. Beck, München 23. Auflage (2004).
Behr, Volker	**Internationale Tatortszuständigkeit für vorbeugende Unterlassungsklagen bei Wettbewerbsverstößen** GRUR Int. 1992, 604.
v. Bernstorff, Christoph Graf	**Einführung in das englische Recht** C.H. Beck'sche Verlagsbuchhandlung, München 2. Auflage (2000).
Borges, Georg	**Das Widerrufsrecht in der Internet-Auktion** DB 2005, 319.
Braun, Johann	**Widerrufsrecht und Haftungsausschluss bei Internetauktionen** CR 2005, 113.
Brox, Hans	**Allgemeiner Teil des BGB** Carl Heymanns Verlag, Köln 28. Auflage (2004).
Bücker, Stephan	**Internetauktionen – Internationales Privat- und Verfahrensrecht** LIT Verlag, Münster 1. Auflage (2003).

Bund-Länder-Ausschuss „Gewerberecht"	Sitzung des Bund-Länder-Ausschusses „Gewerberecht" GewArch 1997, 60.
Bund-Länder-Ausschuss „Gewerberecht"	Internetversteigerungen sind keine Versteigerungen i. S. d. Par. 34b GewO GewArch 2000, 49.
Bullinger, Winfried	Internet-Auktionen – Die Versteigerung von Neuwaren im Internet aus wettbewerbsrechtlicher Sicht WRP 2000, 253.
Burgard, Ulrich	Online-Marktordnung und Inhaltskontrolle WM 2001, 2102.
Domke, Frank	Nachholung gesetzlicher Informationspflichten bei Fernabsatzverträgen über Finanzdienstleistungen: Kein unbefristetes Widerrufsrecht des Verbrauchers BB 2005, 228.
Eltzschig, Jan	Art. 5 Nr. 1 b EuGVO: Ende oder Fortführung von forum actoris und Erfüllungsortbestimmung leg causae? IPRaX 2002, 491.
Ende, Lothar/ Klein, Alexander	Grundzüge des Vertriebsrechts im Internet Verlag C.H. Beck, München 1. Auflage (2001).
Ernst, Stefan	Der Mausklick als Rechtsproblem – Willenserklärungen im Internet NJW-CoR 1997, 165.
Ernst, Stefan	Anmerkung zu OLG Frankfurt, 6 W 122/98 (Anwendbares Wettbewerbsrecht im WWW) NJW-CoR 1999, 303.

Ernst, Stefan	Die Online-Versteigerung CR 2000, 304.
Geimer, Reinhold	Internationales Zivilprozessrecht Verlag Dr. Otto Schmidt, Köln 5. Auflage (2005).
Götting, Horst-Peter	Wettbewerbsrecht – Das neue UWG Verlag C.H. Beck, München 1. Auflage (2005).
Goldmann, Enno	Rechtliche Rahmenbedingungen für Internet-Auktionen TENEA Verlag Ltd., Bristol, Niederlassung Berlin 1. Auflage (2005).
Gruber, Joachim	Vertragsschluss im Internet unter kollisionsrechtlichen Aspekten DB 1999, 1437.
Gurmann, Stefan	Internet-Auktionen Gewerberecht – Zivilrecht – Strafrecht Springer-Verlag, Wien 1. Auflage (2005).
Haas, Lothar/ **Medicus,** Dieter/ **Rolland,** Walter/ **Schäfer,** Carsten/ **Wendtland,** Holger	Das neue Schuldrecht Verlag C.H. Beck, München 1. Auflage (2002).
Hahn, Harald H. Th./ **Wilmer,** Thomas	Handbuch des Fernabsatzrechts Springer-Verlag, Wien 1. Auflage (2005).
Heiderhoff, Bettina	Internetauktionen als Umgehungsgeschäfte MMR 2001, 640.

Herberger, Maximilian/ **Geiger,** Jan Fritz	**Verbraucherwiderrufsrecht bei sogenannten „eBay-Auktionen"** VuR 2005, 248.
Hoeren, Thomas	**Internetrecht** http://www.uni-muenster.de/Jura.itm/hoeren/ INHALTE/lehre/lehrematerialien.htm (Stand: Juni 2006).
Hoeren, Thomas/ **Müller,** Ulf	**Widerrufsrecht bei eBay-Versteigerungen** NJW 2005, 948.
Hoffmann, Jochen	**Anmerkung zu BGH, VIII ZR 375/03 (Widerrufsrecht des Verbrauchers bei Internet-Auktionen)** ZIP 2004, 2337.
v. **Hoffmann,** Bernd/ **Thorn,** Karsten	**Internationales Privatrecht** Verlag C. H. Beck, München 8. Auflage (2005).
Hollerbach, Tobias	**Die rechtlichen Rahmenbedingungen für Internet-Auktionen** DB 2000, 2001.
v. **Hoyningen-Huene,** Gerrick	**Die vertragliche Stellung des Versteigerers** NJW 1973, 1473.
Hübner, Ulrich/ **Constantinesco,** Vlad	**Einführung in das französische Recht** Verlag C.H. Beck, München 4. Auflage (2001).
Jayme, Erik/ **Hausmann,** Rainer	**Internationales Privat- und Verfahrensrecht** Verlag C.H. Beck, München 11. Auflage (2002).

Kaestner, Jan/ Tews, Nicole	Informations- und Gestaltungspflichten bei Internet-Auktionen WRP 2004, 391.
Köhler, Helmut/ Piper, Henning	Gesetz gegen den unlauteren Wettbewerb Verlag C.H. Beck, München 3. Auflage (2002).
Kronke, Herbert/ Melis, Werner/ Schnyder, Anton K.	Handbuch Internationales Wirtschaftsrecht Verlag Dr. Otto Schmidt, Köln 1. Auflage (2005).
Krüger, Thomas/ Bütter, Michael	Elektronische Willenserklärungen im Bankgeschäftsverkehr: Risiken des Online-Banking WM 2001, 221.
Leible, Stefan/ Sosnitza, Olaf (Hrsg.)	Versteigerungen im Internet Verlag Recht und Wirtschaft, Heidelberg 1. Auflage (2004).
Leible, Stefan/ Wildemann, Andree	Von Powersellern, Spaßbietern und einem Widerrufsrecht bei Internetauktionen K & R 2005, 26.
Lettl, Tobias	Versteigerung im Internet – BGH, NJW 2002, 363 JuS 2002, 219.
Lorenz, Stephan	Leistungsgefahr, Gegenleistungsgefahr und Erfüllungsort im Verbrauchsgüterkauf – BGH, NJW 2003, 3341 JuS 2004, 105.
Mankowski, Peter	Der Nachweis der Unternehmereigenschaft VuR 2004, 79.

Mankowski, Peter	**Online-Auktionen, Versteigerungsbegriff und fernabsatzrechtliches Widerrufsrecht** JZ 2005, 444.
Mehrings, Josef	**Internet-Verträge und internationales Vertragsrecht** CR 1998, 613.
Moritz, Hans-Werner/ **Dreier,** Thomas (Hrsg.)	**Rechts-Handbuch zum E-Commerce** Verlag Dr. Otto Schmidt, Köln 2. Auflage (2005).
MüKo	**Münchener Kommentar zum Bürgerlichen Gesetzbuch; Band 1; §§ 1 - 240** Verlag C.H. Beck, München 4. Auflage (2001).
MüKo	**Münchener Kommentar zum Bürgerlichen Gesetzbuch; Band 2; §§ 241 – 432; FernAbsG** Verlag C.H. Beck, München 4. Auflage (2001).
MüKo	**Münchener Kommentar zum Bürgerlichen Gesetzbuch; Band 2a; §§ 241 – 432** Verlag C.H. Beck, München 4. Auflage (2003).
MüKo	**Münchener Kommentar zum Bürgerlichen Gesetzbuch; Band 3; §§ 433 – 610** Verlag C.H. Beck, München 4. Auflage (2004).
MüKo	**Münchener Kommentar zum Bürgerlichen Gesetzbuch; Band 10; Art. 1 – 46 EGBGB** Verlag C.H. Beck, München 4. Auflage (2006).
Paefgen, Walter G.	**Widerrufsrecht bei eBay?** RIW 2005, 178.

Palandt	**Bürgerliches Gesetzbuch** Verlag C.H. Beck, München 65. Auflage (2006).
Prasse, Christian	**Existenzgründer als Unternehmer oder Verbraucher? – Die neue Rechtsprechung des BGH** MDR 2005, 961.
Reinicke, Dietrich/ **Tiedtke,** Klaus	**Kaufrecht** Luchterhand Verlag, München 7. Auflage (2004).
Richly, Sabine	**Anmerkung zu BGH, VIII ZR 375/03 (Widerrufsrecht des Käufers bei Internet-Auktion)** JR 2006, 160.
Rüfner, Thomas	**Virtuelle Marktordnungen und das AGB-Gesetz** MMR 2000, 597.
Ruff, Andreas	**Vertriebsrecht im Internet** Springer-Verlag Berlin, 1. Auflage (2003).
Schack, Haimo	**Internationale Urheber-, Marken- und Wettbewerbsrechtsverletzungen im Internet** MMR 2000, 135.
Schlechtriem, Peter/ **Schwenzer,** Ingeborg (Hrsg.)	**Kommentar zum Einheitlichen UN-Kaufrecht** Verlag C.H. Beck, München 4. Auflage (2004).
Schlegel, Ralf	**Anmerkung zu BGH, VIII ZR 375/03 (Widerrufsrecht des Käufers bei Internet-Auktion)** MDR 2005, 133.

Schmitt, Hansjörg	**Intangible Goods in Online-Kaufverträgen und der Anwendungsbereich des CISG** CR 2001, 145.
Schulze, Martin	**Internetauktionen aus vertragsrechtlicher und wettbewerbsrechtlicher Sicht** Tectum Verlag, Marburg 1. Auflage (2004).
Sester, Peter	**Vertragsabschluss bei Internet-Auktionen** CR 2001, 98.
Soergel	**Bürgerliches Gesetzbuch** Verlag W. Kohlhammer, Stuttgart 13. Auflage (1999).
Spindler, Gerald	**Vertragsabschluss und Inhaltskontrolle bei Internet-Auktionen** ZIP 2001, 809.
Spindler, Gerald	**Anmerkung zu BGH, VIII ZR 375/03 (Widerrufsrecht des Käufers bei Internet-Auktion)** MMR 2005, 40.
Spindler, Gerald/ **Schmitz,** Peter/ **Geis,** Ivo	**TDG – Kommentar** Verlag C.H. Beck, München 1. Auflage (2004).
Spindler, Gerald/ **Wiebe,** Andreas (Hrsg.)	**Internet-Auktionen und Elektronische Marktplätze** Verlag Dr. Otto Schmidt, Köln 2. Auflage (2005).
Staudinger	**Kommentar zum Bürgerlichen Gesetzbuch mit Einführungsgesetz und Nebengesetzen; §§ 311, 311a, 312, 312a – f (Vertragsschluss)** Sellier – de Gruyter, Berlin Neubearbeitung (2005).

Staudinger	**Kommentar zum Bürgerlichen Gesetzbuch mit Einführungsgesetz und Nebengesetzen; §§ 328 – 359** Sellier – de Gruyter, Berlin Neubearbeitung (2004).
Staudinger	**Kommentar zum Bürgerlichen Gesetzbuch mit Einführungsgesetz und Nebengesetzen; §§ 433 – 487** Sellier – de Gruyter, Berlin Neubearbeitung (2004).
Staudinger	**Kommentar zum Bürgerlichen Gesetzbuch mit Einführungsgesetz und Nebengesetzen; Wiener UN-Kaufrecht (CISG)** Sellier – de Gruyter, Berlin Neubearbeitung (2005).
Staudinger, Ansgar/ **Schmidt-Bendun,** Rüdiger	**Kein Ausschluss des Widerrufsrechts des Verbrauchers im Rahmen einer Internetauktion – eBay** BB 2005, 732.
Stoffels, Markus	**AGB-Recht** Verlag C. H. Beck, München 1. Auflage (2003).
Szczesny, Michael/ **Holthusen,** Christoph	**Zur Unternehmereigenschaft und ihren zivilrechtlichen Folgen im Rahmen von Internetauktionen** K & R 2005, 302.
Trinks, Peter	**Anmerkungen zu AG Bad Hersfeld, Widerrufsrecht bei Internetauktion** MMR 2004, 500.
Ulrici, Bernhard	**Die enttäuschende Internetauktion – LG Münster, MMR 2000, 280** JuS 2000, 947.
Vehslage, Thorsten	**Anmerkung zu LG Hamburg, 315 O 144/99** MMR 1999, 680.

Vehslage, Thorsten	Das geplante Gesetz zur Anpassung der Formvorschriften des Privatrechts und anderer Vorschriften an den modernen Rechtsverkehr DB 2000, 1801.
Völker, Stefan	Neue Entwicklungen im Recht der Preisangaben NJW 2000, 2787.
Weyer, Hartmut	**Handelsgeschäfte (§§ 343 ff. HGB) und Unternehmergeschäfte (§ 14 BGB)** WM 2005, 490.
Woitke, Thomas	**Informations- und Hinweispflichten im E-Commerce** BB 2003, 2469.
Zöller	Zivilprozessordnung Verlag Dr. Otto Schmidt, Köln 25. Auflage (2005).